THÉORIE
DES LANGUES
FRANÇAISE ET LATINE,

OU

PROCÉDÉS NEUFS ET ANALYTIQUES, SUIVIS D'UN ABRÉGÉ DE SYNTAXE LATINE.

OUVRAGE UTILE

Aux Maisons d'Education, aux Parens qui instruisent leurs Enfans, aux Jeunes-Gens dont les études ont été négligées, et généralement aux Personnes qui voudroient se remettre d'elles-mêmes aux principes de leur Langue.

PAR J. M. BUFFET,

Auteur d'un Ouvrage, intitulé, *Onomatologie*, ou Collection générale des Noms pour les genres et les formes déclinatives; *Membre de la Société libre d'Institution, Professeur de Langues anciennes, Maître de pension.*

Dos est magna parentum virtus.

A PARIS,

Chez l'Auteur, rue des Boucheries St.-Germain, N°. 73.

AN XII. — 1804.

RAPPORT

Fait à la Société libre d'Institution de Paris, séante à l'Oratoire, par les citoyens SOBRY et OUTHIER, et lu à la séance publique du 9 Floréal an 12,

Sur deux ouvrages du Cit. BUFFET;

1°. *Sur la Grammaire Française* ·

PROCÉDÉS neufs et analytiques.

2°. *Sur la Grammaire Latine* :

ONOMATOLOGIE, ou Collection générale des noms pour les genres et les formes déclinatives.

IL semble qu'à mesure que les événemens politiques ont mis plus d'obstacles à l'instruction des jeunes citoyens, les maîtres ont fait plus d'efforts pour en triompher ; le génie s'est partout excité ; des moyens plus expéditifs ont été inventés ; des méthodes plus faciles ont été mises en usage pour remplacer les exercices répétés que les agitations civiles ont obligé de supprimer ; et plusieurs inventions, qui resteront et qui honoreront cette époque, ont fait la gloire d'un grand nombre d'instituteurs ; parmi ceux-là, peut, à juste titre, être placé le cit. **BUFFET**, Maître de pension et membre de la Société libre d'Institution. Les tableaux qu'il vous présente, intitulés, l'un : *Procédés neufs et analytiques* sur la Grammaire française ; l'autre : *Onomatologie, ou Rapprochement général des noms pour les genres et les formes déclinatives*, ont fixé l'attention de la Société libre d'Institution, et lui ont paru mériter que l'exposition et l'éloge en fussent faits devant vous, MESSIEURS, en séance publique.

Dans le premier, il développe clairement, par de nouveaux procédés analytiques, toutes les difficultés de l'orthographe.

Dans l'autre, vous voyez tous les noms, toutes les déclinaisons et tout ce qui leur est relatif, avec nombre d'observations très-instructives, renfermés dans un cadre très-circonscrit. Les noms y sont coupés en deux parties, dont l'une est la partie significative ; et l'autre, la partie purement déclinative. Par ce partage, l'élève parvient à distinguer, sur-le-champ, la racine, ou le sens des noms, de la déclinaison qui sert à en déterminer les rapports ; de sorte que les déclinaisons ne lui paraissent plus qu'un objet unique, simple et facile à discerner ; ne lui paraissent plus que des moules généraux, que des filières générales par lesquelles on peut faire passer tous les mots pour les activer.

Clarté, régularité, précision, telles sont les qualités qui distinguent ces ouvrages ; ils ont l'avantage précieux, pour la démonstration, de pouvoir être continuellement exposés, dans leur entier, aux regards de toute une classe ; de sorte qu'un maître peut les démontrer à tous en même tems ; il peut à chaque faute, indiquer à l'élève par où il a manqué, et rendre commune à tous les autres, l'instruction qu'il ne donne qu'à l'occasion d'un seul.

Nous nous faisons un devoir de reconnaître ici qu'il est peu d'idées avantageuses sur l'instruction, qui n'aient été ou développées, ou indiquées par les écrivains de Port-Royal. Ce rassemblement célèbre d'hommes éminens en science, en piété, en amour du bien public, nous a laissé les meilleurs livres qui aient signalé l'intelligence humaine ; l'idée que le cit. *Buffet* en a conçue, et qu'il a perfectionnée et achevée dans ses tableaux, assure l'excellence de leur invention. Tout ce qui peut se rapprocher des travaux de cette compagnie immortelle, acquiert un titre de plus à la considération et à l'estime.

L'avantage des tableaux scientifiques est apprécié depuis long-tems ; il est hors de doute qu'ils ne sont guère moins utiles dans les autres sciences que dans la géographie. Vous ne voyez dans une grammaire que successivement ; la page qui précède cache toujours celle qui la suit. Pour juger d'un édifice, dit Condillac , il ne suffit pas de l'avoir vu pièce à pièce , il faut en voir toutes les parties dans leur ensemble et dans leurs ordres respectifs. Il en est de même d'une science ; il faut d'abord en connoître la mappemonde , et étudier chaque partie séparément.

Vos Commissaires ont pensé que les deux ouvrages du cit. *BUFFET* sont d'un grand secours dans l'instruction publique et particulière.

Signés , SOBRY , OUTHIER.

THÉORIE DES LANGUES
FRANÇAISE ET LATINE.

PRINCIPES grammaticaux réunis en quatre parties, à l'effet de rendre expéditive la parfaite connoissance des langues française et latine.

Réunion faite, d'après les parties du discours, des grammaires de *Restaut*, *Wailly*, *Dumarsais*, *Vaugelas*, *Domergue*, *Gattel*, etc.

SUBSTANTIF, ADJECTIF, SURADJECTIF, VERBE.

SUBSTANTIF.

Demande. Combien y a-t il de chose à considérer dans les noms ?

Réponse. Il y a quatre choses à considérer dans les noms, le genre, le nombre, le cas et la déclinaison !

D. Combien y a-t il de genre ?

R. Il y a trois genres, le masculin, le féminin et le neutre !

D. Combien y a t-il de nombre ?

R. Il y a deux nombres, le singulier et le pluriel !

D. Combien y a t-il de cas ?

R. Il y a six cas, le nominatif, le génitif, le datif, l'accusatif, le vocatif et l'ablatif !

D. Combien y a-t-il de déclinaison ?

R. Il y a cinq déclinaisons !

La première est en *ae* comme *culpae*.
La 2ᵉ. . . . . *i* . . . . *domini*.
La 3ᵉ. . . . . *is*. . . . . *patris*. .
La 4ᵉ. . . . . *ûs* et *u*. . . *fructûs* et *cornu*.
La 5ᵉ. . . . . *ei*. . . . . *diei*.

D. Comment connoît-on la déclinaison d'un nom ?

R. On connoît la déclinaison d'un nom par le terminatif du génitif singulier, et, à défaut, par le génitif pluriel !

D. Combien y a-t-il d'espèce de substantif ?

R. Il y a deux espèces de substantif, le propre et le commun ! (ou physique et métaphysique).

ADJECTIF.

D. Combien y a-t-il d'espèce d'adjectif ?

R. Il y a quatre espèces d'adjectif, le qualificatif, le déterminatif, l'actif et le passif !

D. Les adjectifs n'ont-ils pas tous les trois genres ?

R. Les adjectifs n'ont pas tous les trois genres, savoir ceux qui ont leur déclinaison sur *culpa*, *dominus* et *templum* sont triformes ; ceux qui ont leur déclinaison sur *fortis*, sont biformes, et ceux qui ont leur déclinaison sur *prudens*, sont uniformes !

D. Quel accord doit avoir l'adjectif avec son substantif?

R. L'adjectif doit avec son substantif, s'accorder en genre, nombre et cas !

SURADJECTIF.

D. Qu'est-ce qu'un suradjectif?

R. Un suradjectif est un mot invariable ; il comprend l'adverbe, la préposition, la conjonction et l'interjection ; il est complet ou incomplet !

VERBE.

D. Combien y a-t-il de chose à considérer dans les verbes ?

R. Il y a cinq choses à considérer dans les verbes, la personne, le nombre, le tems, le mode et la conjugaison !

D. Combien y a-t-il de personne ?

R. Il y a trois personnes au singulier, et trois au pluriel !

D. Combien y a-t-il de nombre ?

R. Il y a deux nombres, le singulier et le pluriel !

D. Combien y a-t-il de tems ?

R. Il y a cinq tems, le présent, l'imparfait, le parfait, le plusqueparfait et le futur!

D. Combien y a t-il de mode?

R. Il y a quatre modes, l'indicatif, l'impératif, le subjonctif et l'infinitif!

D. Combien y a t-il de conjugaison?

R. Il y a quatre conjugaisons!

En français.

La première est en...*er*...comme *aimer*.
La 2e..............*ir*.........*finir*.
La 3e..............*oir*........*recevoir*.
La 4e..............*re*.........*rendre*.

En latin.

La première.........*are*........*amare*.
La 2e..............*ere*........*docere*.
La 3e..............*ere*........*legere*.
La 4e..............*ire*........*audire*.

D. Comment connoît-on la conjugaison d'un verbe?

R. On connoît la conjugaison d'un verbe par la dernière syllabe du présent de l'infinitif!

D. De quel tems se forme l'imparfait du subjonctif?

R. L'imparfait du subjonctif se forme de la

seconde personne du singulier du parfait défini, en ajoutant *se*.

EXEMPLE.

	Parfait défini.		*Imparfait subjonctif.*
1er.	Tu aimas....	ajoutez *se*...	que j'aimasse.
2e.	Tu finis	....	que je finisse.
3e.	Tu reçus	....	que je reçusse.
4e.	Tu rendis	....	que je rendisse.

REMARQUES.

Le parfait défini manquant.	Point d'imparfait du subjonctif. *Voyez* le verbe absoudre, etc.
L'adjectif passif manquant.	Point de temps accompagnés des verbes auxiliaires, *avoir* et *être*. *Voyez* le verbe *paître*, sans adjectif passif, etc.

PROCÉDÉS NEUFS ET ANALYTIQUES.

Manière d'employer les procédés neufs et analytiques.

SAVOIR :

1 *Le substantif* marqué par....*s*.

2 *L'adjectif* { qualificatif.....*q*. / déterminatif....*d*. }

Actif...................*a*.

Passif divisé en trois classes.

Lorsqu'il se rapporte.. INTERNE. *au nominatif*...............	7	déclinable.
Lorsqu'il se rapporte.. EXTERNE. *au régime antécédent*.........	......ɩ	
Lorsqu'il n'a point de.. ABSTRAIT. *Régime antécédent*...........	.....<	indéclinable.

5. *Le suradjectif* { Comprend, l'adverbe, la préposition, la conjonction et l'interjection, et il est complet ou incomplet. }

Le complet.......... O
L'incomplet.......... Ↄ

4 *Le verbe* est transitif... ou intransitif. }....V }

EXEMPLE.

s v 7 ɔ v d s
Nous sommes intéressés à choisir une demeure
q o d s q ɔ d s v 7
saine où la police exacte et l'ordre soient observés.
s v ɔ a s ɔ d s ɔ
On trouve en lisant : Pompée à son retour de
s v < d s ɔ s s
Syrie avoit achevé la guerre contre Mitridate, il
s v o ɩ ɔ s v
l'avoit heureusement terminée pour se rendre
o ɔ s s s v ɩ s
exprès à Rhodes, nous nous sommes vus, nous
s v ɩ s v <
les avons vus, nous avons vu.

La méthode la plus courte et la plus facile est celle qui convient à l'élève pour apprendre une langue quelconque, sur-tout en analysant ce qu'il écrit sous la dictée, en observant ponctuellement les différentes marques mises en tête de chaque mot qui compose ces phrases, et en considérant la particule *on*, les *pronoms personnels* et *conjonctifs* comme des substantifs. Rien ne prouve mieux la bonté de ces procédés analytiques que la parfaite connoissance que les élèves acquièrent sur la valeur et le sens des mots, et sur l'accord des participes.

SYNTAXE.

Règles générales de la Syntaxe latine, appliquées à la valeur des six cas; à l'effet de rendre faciles à l'élève les difficultés que la classification occasionne souvent dans l'application desdites règles.

CAS.	RÈGLES DE LA SYNTAXE.
	Ego audio.
Nominatif.....	Qui est-ce qui, ou qu'est-ce qui, sur un verbe.
	Liber Petri.
Génitif.......	De qui, de quoi, sur un substantif.
	Dixi patri.
Datif..........	A qui, à quoi, pour qui, pour quoi, marquant attribution, faveur ou défaveur.

Amo Deum.

Accusatif......	Qui, quoi, à la suite d'un verbe actif ou transitif.
Vocatif.	O placé, ou sous-entendu devant un substantif est le signe du vocatif.
	Mœrore conficior.
Ablatif........	De qui, de quoi, à la suite d'un adjectif passif, par qui, par quoi, avec quoi, comment, quand, combien, de combien, en combien de tems, d'où, par où et où, lorsqu'on est dans le lieu.

REMARQUES.

L'accusatif et l'ablatif sont quelquefois précédés d'un suradjectif ou préposition.

ABRÉGÉ DE LA SYNTAXE LATINE.

RÈGLE PREMIÈRE.

SUR DEUS SANCTUS.

DU SUBSTANTIF ET DE L'ADJECTIF.

Le *substantif*, qui est le nom qui signifie la chose, n'a qu'un ou deux genres, qu'une voix, et ne convient qu'à une sorte de chose, (comme) *Deus* Dieu, *virgo* vierge, *negotium* affaire; *l'adjectif* considéré sous quatre espèces; qualificatif, déterminatif, actif et passif; ceux de 1re.

et 2e. déclinaison sont triformes, (c'est-à-dire) ont les trois genres, (comme) *bonus, a, um ; verberatus, a, um ; hic, hæc, hoc ; is, ea, id ; iste, ista, istud ;* ceux de la 3e. déclinaison sont biformes, (comme) *fortis* m. f. *forte* n. et uniformes, (comme) *prudens* m. f. n. etc. Ils doivent s'accorder avec leur substantif en genre, nombre et cas.

ACCORD DE L'ADJECTIF AVEC SON SUBSTANTIF.

Dieu bon, *Deus bonus ;* homme battu, *vir verberatus ;* ce livre, *hic liber ;* cet homme, *iste homo ;* lion fort, *leo fortis ;* animal fort, *animal forte ;* homme prudent, *vir prudens ;* exemple prudent, *exemplum prudens ;* le maître enseignant, *magister docens ;* ma maison est bâtie, *mea domus ædificata est ;* les lettres sont écrites, *litteræ scriptæ sunt ;* cette voix a été entendue, *illa vox audita fuit ;* j'ai étudié une longue leçon et je l'ai récitée, *lectioni longæ studui et illam recitavi.*

Adjectif sans substantif.

On sous-entend quelquefois le substantif en mettant l'adjectif au neutre;

EXEMPLES:

Il est rare, ou c'est une chose rare, *rarum est ;* il est agréable pour moi, *gratum est mihi.*

RÈGLE II.

SUR DEUS QUEM ADOREMUS.

Du relatif et de l'antécédent *qui, quæ, quod,* qui s'appelle relatif ou déterminatif, parce qu'il se rapporte toujours à un substantif, qui est devant, qui s'appelle antécédent, avec lequel il s'accorde en genre, nombre et cas.

EXEMPLES.

Le livre que j'ai lu, *liber quem legi;* mon frère qui a parlé, *meus frater qui locutus est;* ma sœur qui a parlé, *mea soror quæ locuta est;* l'animal qui a été écouté, *animal quod auditum fuit.* Quand dans le français il y a *qui*, on le met au nominatif;

EXEMPLES:

Les écoliers qui étudient, *scholastici qui student;* les dames qui sont pieuses, *dominæ quæ sunt piæ.*

PREMIÈRE EXCEPTION.

Devant ces cinq verbes impersonnels, *pænitet, tædet, miseret, pudet, piget*, le *qui* se met à l'accusatif;

EXEMPLES:

L'homme qui a pitié, *homo quem miseret;* les enfans qui s'ennuient, *pueri quos tædet.*

IIe. EXCEPTION.

Devant ces trois verbes *celor, rogor, doceor,* il se met aussi à l'accusatif;

EXEMPLES:

Les sciences qui nous sont enseignées, *scientiæ quas docemur;* votre pensée qui m'a été célée, *mens tua quam ego celatus sum.*

DU QUI INTERROGATIF.

Quand on interroge, *qui*, se met souvent au cas que gouverne le verbe qui suit, auquel il se rapporte; quand le verbe a son nominatif après;

EXEMPLES:

Qui devez-vous favoriser? *cui debes favere?* qui dites-vous qui est venu ici? *quem dicis hûc venisse?* qui dites-vous qui a fait cela? *à quo dicis hoc factum?*

DU QUI DÉMONSTRATIF.

Le *qui* démonstratif s'exprime par *quis* ou *quisnam,* quand on ne parle point de deux;

EXEMPLES:

Qui a fait cela? *quis* ou *quisnam hoc fecit?* il s'exprime par *uter*, quand on ne parle que de deux;

EXEMPLES:

Qui ou lequel de nous a gagné? *uter nostrum vicit?* qui de Pierre ou de Paul a le mieux répondu? *uter meliùs respondit Petrus an Paulus?* qui de Pierre ou de Paul a fait cela? *uter id fecit Petrus an Paulus?*

DU QUE RELATIF OU DÉTERMINATIF.

Que, pouvant se rendre par lequel, laquelle, lesquels, lesquelles, se met au cas du verbe qui suit;

EXEMPLES:

Dieu que j'aime, *Deus quem amo;* s'il y a deux verbes de suite, le relatif se met au cas du dernier;

EXEMPLES:

La leçon que je veux étudier, *lectio cui volo studere;*

AUTRE EXEMPLE:

Les vices qu'il importe aux hommes d'avoir en

horreur, *vitia à quibus refert hominum abhorrere.* *Dont* s'exprime par *qui, quæ, quod*, quand *dont* est devant un verbe qui a un cas, il se met au génitif, et s'accorde avec son antécédent en genre et nombre.

EXEMPLES :

Les écoliers dont j'aime la modestie, *scholastici quorum amo modestiam ;* les jardins dont j'admire la beauté, *horti quorum miror pulchritudinem ;* une chose dont la connoissance est nécessaire, *res cujus cognito est necessaria ;* mais si le verbe n'a point de cas, *dont* se met au cas que gouverne le verbe, et s'accorde de même avec son antécédent.

EXEMPLES :

Les sénateurs dont je suis aimé, *senatores à quibus amor ;* ma mère dont je suis estimé, *mea mater à quâ æstimor ;* les livres dont je me sers, *libri quibus utor.*

DU QUE AU COMMENCEMENT DE LA PHRASE.

Que au commencement de la phrase est le cas du verbe qui suit, auquel il se rapporte.

EXEMPLES :

Qu'étudiez-vous ? (c'est-à-dire) quelle chose

étudiez-vous? *cui rei studes ?* que faites-vous ? *quid agis?* que dites-vous avoir oublié ? (c'est-à-dire) quelle chose dites-vous avoir oubliée ? *cujus rei dicis te oblitum fuisse?*

OBSERVATION SUR LE QUE RETRANCHÉ.

SUR DICIS ME LEGERE.

Quand on retranche QUE, je, tu, il, nous, vous, ils, nominatif du verbe qui est après QUE, se mettent toujours à l'accusatif, parce que ce nominatif devient régime du précédent verbe.

EXEMPLES:

Vous croyez que nous étudions, *credis nos studere ;* (c'est-à-dire vous croyez nous étudier) je pense que vous aimez, *puto te amare*; quand on retranche *que*, devant les substantifs il, elle, ils, elles, et que ces substantifs se rapportent au nominatif du verbe qui précède *que*, il les faut exprimer par l'accusatif *se* qui est de tout genre, tant singulier que pluriel.

EXEMPLES:

Mon frère m'a dit qu'il a bien étudié, *meus frater mihi dixit se rectè studuisse ;* mes sœurs disent qu'elles sont pieuses, *meæ sorores dicunt se se esse pias ;* mes oncles assurent qu'ils iront bientôt à Paris, *avenculi mei asserunt se brevi ituros esse Lutetiam.*

DU QUE RETRANCHÉ DEVANT UN VERBE IMPERSONNEL.

Quand on retranche *que*, devant un verbe impersonnel, il ne faut pas exprimer en latin le mot *il.*

EXEMPLE:

Je crois qu'il faut, *credo oportere*, (c'est-à-dire) je crois falloir.

EXCEPTION:

Lorsqu'il est devant *pœnitet, tædet, pudet, miseret, piget,* il faut l'exprimer ;

EXEMPLE:

On dit qu'il se repent de sa paresse, *dicitur eum pœnitere suæ pigritiæ.*

RÈGLE III.

SUR EGO AUDIO.

Du nominatif du Verbe.

Il y a deux sortes de verbe, le verbe personnel et le verbe impersonnel.

Le verbe personnel est celui qui a trois personnes tant au singulier qu'au pluriel, comme *amo, as, at, amamus, atis, ant.*

Le verbe impersonnel est celui qui n'a que la troisième personne du singulier dans tous les tems, comme *oportet, oportebat, oportuit*, etc.

Règle très-importante aux commençans.

Jamais de verbe sans nominatif exprimé ou sous-entendu, avec lequel il s'accorde en nombre et en personne.

EXEMPLES:

Vous enseignez, *tu doces;* vos écoliers apprennent, *discipuli tui discunt;* cependant ils jouent pendant que vous expliquez, *tamen nugantur dum explicas;* remarquez aussi que dans le discours il n'y a point de nominatif sans son verbe.

SUR PŒNITET, etc.

Les cinq verbes impersonnels, *pœnitet, tædet, pudet, miseret, puget,* au lieu du nominatif, ils veulent toujours un accusatif exprimé ;

EXEMPLES:

Je me repens, *me pœnitet;* tu as honte, *te pudet;* les gens de bien ont pitié, *viros bonos miseret.*

REMARQUES:

Devant les verbes impersonnels, *possum, debeo, incipio, soleo, desino, dicor, credor* et *videor*, quoiqu'ils soient personnels, se mettent à la troisième personne du singulier;

EXEMPLES:

Nous commençons à nous repentir de notre négligence, *nos incipit pœnitere negligentiæ.*

Les écoliers devraient s'ennuyer des châtimens, *scholasticos deberet tædere pœnarum.*

L'homme a coutume d'avoir pitié des pauvres, *hominem solet misereri pauperum.*

Vous n'aviez jamais coutume de vous ennuyer, *numquàm te solutum fuerat tædere.*

Mes compagnons cessent d'être marris de m'avoir suivi, *condiscipulos meos desinit pigere me secutos esse.*

Mon frère auroit pu avoir honte de mon action, *fratrem meum potuisset facti mei pudere.*

On dit que nous nous ennuyons de l'étude, *dicitur nos tædere litterarum.*

On croyoit que César se repentiroit, *credebatur Cæsarem pœnitere.*

Il semble que les enfans ont de la confusion, *videtur pueros pudere.*

On dit que vous avez compassion des pauvres, *dicitur te miserere pauperum.*

Remarquez que *dicor*, *credor* et *videor* ne veulent pas l'accusatif devant eux, mais bien après eux.

RÈGLE IV.

SUR DIXI PATRI.

Il faut mettre le nom ou le pronom au datif, quand il y a devant, à, au, à la, aux;

EXEMPLES:

J'ai dit à mon père, *dixi patri;* il est honteux à tous, *turpe est omnibus;* récompense accordée à l'écolier, *merces concessa discipulo.*

PREMIÈRE EXCEPTION.

Après ces verbes impersonnels *refert*, *interest*, il faut mettre le génitif, quoiqu'il y ait, à, au, à la, aux;

EXEMPLES:

Il importe aux maîtres, *refert magistrorum;* il va de l'intérêt de la république, *interest reipublicæ;* mais ces pronoms personnels, à moi, à toi, à nous, à vous, s'expriment par *meâ, tuâ, nostrâ, vestrâ.*

EXEMPLES:

Il m'importe, *meâ refert;* il nous importe, *nostrâ*

refert. A lui, à eux, avec ces mêmes verbes, *refert* et *interest*, s'expriment par *suâ*, quand ils se rapportent au nominatif du verbe, (c'est-à-dire) qu'ils sont après une troisième personne.

EXEMPLES:

Virgile dit qu'il lui importe, *Virgilius suâ referre*; mes parens disent qu'il importe à eux, *mei parentes dicunt suâ referre* ou *interesse*. S'ils ne sont point après une troisième personne, à lui s'exprime par *illius*, et à eux par *illorum*, etc.

EXEMPLES:

Il lui importe, (c'est-à-dire) il importe à lui, *illius refert*; je crois qu'il leur importe, (c'est-à-dire) je crois qu'il importe à eux, *credo illorum referre*.

Est, pris comme impersonnel, gouverne aussi le génitif.

EXEMPLES:

C'est un habile homme, ou c'est à faire à un habile homme, ou il appartient à un habile homme, *est eruditi viri*.

Mais, avec ce verbe, EST, impersonnel, à moi, à toi, à lui, à nous, à vous, s'exprime par *meum est*, *tuum*, *suum*, *nostrum*, *vestrum*.

SUR CELO, ROGO, DOCEO.

Après ces verbes, *celo*, *rogo*, *doceo*, on met à l'accusatif le nom qui est après à, au, à la, aux.

EXEMPLES:

J'enseignerai aux ignorans, *doceo imperitos.*
Je ne cèle la vérité à personne, *celo veritatem neminem.*

SUR CELOR, ROGOR, DOCEOR.

Rogor, *doceor*, *celor*, veulent toujours le nom ou le relatif qui se rapporte au nom de la chose, à l'accusatif: et le nom qui est après, à, au, à la, aux, (c'est-à-dire) le nom de la personne sert de nominatif.

EXEMPLES:

Une chose nécessaire m'a été enseignée, *rem necessariam ego doctus sum*; vous avez été prié d'une chose, *meum rogati fuistis*; les difficultés qu'on m'a enseignées, *difficultates quas doctus sum*; la lecture a été enseignée à tous les hommes, *lectionem omnes homines docti sunt.*

Vous, à qui la vérité est célée, *tu qui celaris veritatem*; quand ils sont joints à *possum*, *debeo*, *soleo*, ces verbes ont pour nominatif le nom qui est après, à, au, à la, aux.

EXEMPLES:

Rien ne peut être célé à Dieu, *nihil Deus celari potest;* ces choses nous auroient dû être enseignées à mon frère et à moi, *ego et frater meus hœc debuissemus doceri;* vous, à qui mes desseins n'ont pas dû être célés, *vos, qui non debuistis celari consilia mea.*

Après *peto, postulo, possum, quœro etc.*, on met le nom qui est après, à, au, à la, aux, à l'ablatif avec une des prépositions, *à* ou *abs.*

EXEMPLES:

J'ai demandé de l'argent à mon père, *petivi à patre pecuniam;* je vous demanda instamment cette grace, *id abs te postulo;* il demande à ses parens, *proposcit à parentibus suis;* je demanderai à mes écoliers une difficulté qu'ils ont étudiée, *quœram à discipulis difficultatem cui studuerunt.* On met aussi avec *quœro de* ou *ex.*

EXEMPLES:

Il me demanda, *ex me quœsivit.*

Ces pronoms, *me, te, nous, vous,* et *se,* étant avec et devant un verbe, et qu'on puisse les tourner par *à moi, à toi, à nous, à vous, à soi,* il faut les mettre au datif, pourvu qu'il n'y ait pas de règle contraire.

EXEMPLES:

Le maître vous a donné une image, (c'est-à-dire) a donné à vous, *præceptor tibi dedit imaginem.*

Lentulus nous a promis un livre (c'est-à-dire) a promis à nous, *Lentulus nobis promisit librum.*

Pierre m'a demandé (c'est-à-dire) a demandé à moi, *Petrus à me petivit ;* REMARQUEZ qu'avec le verbe *peto*, le substantif ou pronom en ce cas, se met à l'ablatif avec la préposition *à* ou *ab.*

Si ces pronoms ne peuvent avoir *à* devant eux, il les faut mettre au cas que gouverne le verbe.

EXEMPLES:

Vous me louez, (c'est-à-dire) vous louez moi, *me laudas ;* il nous favorise, *nobis favet.*

Ces mots, *lui*, *leur*, prennent ordinairement cette tournure *à lui, à eux*, et le mot *le* ne la prend jamais.

APRÈS CES VERBES *pertinet*, *attinet*, et *spectat*, on emploie *ad* avec l'accusatif.

EXEMPLES:

Cela vous appartient, *id ad te pertinet.*

Ceci le touche, *hoc ad illum spectat.*

Cela regarde votre dignité, *id attinet ad dignitatem tuam.*

Votre application tend à la science, *applicatio tua ad scientiam spectat.*

Les verbes *delectat*, *decet*, *juvat*, etc., ont pour nominatif le nom de la chose et le nom de la personne à l'accusatif.

EXEMPLES:

L'étude me plaît, ou je me plais à l'étude, *studium me delectat.*

Cet habit vous sied bien, *hæc vestis te decet.*

Je prends plaisir à cela, *id me juvat.*

Il sied bien à un soldat de porter une épée, *decet ensis militem.*

SUR LE VERBE COGITO.

Après *cogito* on exprime, à, au, aux, par *de* avec l'ablatif.

EXEMPLES:

Vous ne pensez pas à vos promesses, *de promissis tuis non cogitas.*

Il ne pensoit pas aux malheurs qui le menaçoient, *non cogitabat de malis sibi imminentibus.*

Après le verbe *cogito*, quand il y a un infinitif, il vaut mieux mettre le plus souvent le gérondif en *do*, avec *de*.

EXEMPLES:

Penser à étudier, *cogitare de studendo*, ou *de*

studio. On met mieux élégamment le substantif *studio*. On se sert de *cogito* lorsque penser ne peut se tourner par croire.

RÈGLE V.

SUR LIBER PETRI.

DE, DU, DES.

Quand entre deux substantifs il y a *de, du, des*, qui ne peuvent se résoudre ni par qui *est*, ni par *sur*, ou *touchant*, mais bien par de qui, de quoi, on met le second au génitif.

EXEMPLES:

L'amour de la vertu, *amor virtutis ;* la malice des hommes, *malitia hominum ;* le jardin de mon frère, *hortus fratris mei.*

SUR URBS ROMA.

Quand *de* peut se tourner par qui est, (c'est-à-dire) que les deux substantifs ont le même rapport, on les met au même cas.

EXEMPLES:

La ville de Paris, *urbs Lutetia ;* laville de Lons-le-Saunier, *urbs Lœdo;* la ville de Besançon, *urbs Vesuntio;* le mois de Mars, *mensis Marius.*

Si, DE, DU, DES, peuvent se rendre par *touchant, sur,* soit qu'ils soient avec un nom, soit qu'ils soient avec un verbe, ils s'expriment par la préposition *de.*

EXEMPLES:

J'ai traité de plusieurs affaires, *de negotiis multis egi.*

Un livre de philosophie, *liber de philosophiâ.*

Il m'a parlé du dessein qu'il avoit, *mihi locutus est de suo proposito.*

RÈGLE VI.

SUR PETRUS ET JOANNES STUDENT.

Plusieurs substantifs joints ensemble.

Deux substantifs singuliers joints ensemble par *et* ou autre conjonction, veulent l'adjectif, le relatif et le verbe qui leur appartiennent au pluriel, en faisant accorder l'adjectif et le relatif au genre le plus notable.

EXEMPLES:

Ma sœur et moi qui sommes heureux, *ego et soror qui sumus fortunati.*

SUR DEUX OU PLUSIEURS SUBSTANTIFS DE CHOSES INANIMÉES.

Si les deux substantifs sont de choses inanimées, il faut mettre l'adjectif au neutre pluriel.

EXEMPLES:

L'étude et la paresse sont contraires, *studium et pigritia sunt contraria.*

Le jeu et la promenade qui sont agréables, *ludus et ambulatio quœ sunt jucunda.*

S'ils sont de même genre, on peut aussi mettre l'adjectif au même genre ; mais il est mieux de le mettre au neutre.

Les conjonctions ne gouvernent pas le même cas, quand les dictions ne sont pas gouvernées d'un même verbe, ou quand elles le sont ; mais qu'il y a quelque règle qui empêche qu'elles ne soient mises au même cas.

EXEMPLES:

Il loue et favorise Pierre, *laudat Petrum et illi favet.*

Il importe à Nicolas et à nous, les plus paresseux de la classe, *refert Nicolai et nostrâ scholœ pigerrimorum.*

C'est à faire à Pierre et à moi, *me m est et Petri.*

J'ai passé par Dijon et par toutes les autres villes de Bourgogne, *transivi Divionem et per cæteras urbes Burgundiæ*.

RÈGLE VII.

SUR DOCTIOR ILLO.

Du comparatif.

Quand devant un adverbe il y a *plus*, on le met au comparatif qu'on forme en *ior* et en *ius* du génitif, ou du datif en *i* de l'adjectif positif; il suit toujours un *que*, qu'on exprime par *quàm*, en mettant le nom ou le pronom qui est après au nominatif; et lorsque le *que* ne s'exprime pas, le nom qui suit se met à l'ablatif.

EXEMPLES:

Le fils est plus prudent que le père, *filius est prudentior patre*, ou *quàm pater*.

Plus savant que les autres ne sont estimés, *doctior quàm alii æstimantur*, et non pas *aliis*, parce que *alii* est le nominatif d'*æstimantur*.

DU QUE ENTRE DEUX ADJECTIFS DONT LE PREMIER EST UN COMPARATIF.

Si après *que*, il suit un adjectif ou un adverbe, on met le comparatif.

EXEMPLE:

Il était plus heureux que brave, *erat felicior quàm fortior.*

Négation après *quàm* qui suit le comparatif.

Remarquez qu'après *quàm* qui suit le comparatif, on n'exprime pas en latin la négation, quoiqu'elle est dans le français.

EXEMPLE:

Je suis plus diligent que jamais aucun n'a été, *sum diligentior quàm nunquam ullus fuit.*

DEUX NÉGATIONS.

Non, est une négation qui, étant mise après ces négations, *nemo*, *nullus*, *nunquam*, *nihil*, *nec*, signifie affirmation.

EXEMPLES:

Tout le monde, *nullus non;* toutes choses, *nihil non;* toujours, *nunquam non*, ou *nec non*, etc.

Autre signification, quelqu'un, *non nullus;* quelque chose, *non nihil;* quelquefois, *non nunquam.* *Nec* ou *neque*, répété plusieurs fois après une autre négation, ne rend point le discours affirmatif. Je ne l'ai jamais loué ni aimé, *ego nunquam eum nec laudavi nec amavi.*

Deux négations françaises s'expriment en latin par une seule.

EXEMPLE:

Jamais personne n'a loué cette action, *nemo unquam vel nunquam ullus hoc factum laudavit.*

Remarquez qu'il faut toujours mettre la négation la première, surtout avant le verbe.

EXEMPLE:

Je n'ai jamais étudié aucune leçon, *nulli unquam studui lectioni.*

RÈGLE VIII.

SUR DOCTISSIMUS POETARUM.

Du superlatif.

Si devant *plus*, il a un de ces mots, *nôtre, vôtre*, le, la, les, de, du, des, a, au, aux, son, sa, ses, leur, etc., de même que devant meilleur, moindre, pire, mieux, moins, qui sont des comparatifs, il faut mettre le superlatif qui est un adjectif terminé en *issimus, a, um*, ou *rimus, a, um*, ou *limus, a, um*, comme *jucund issimus*, *pulcher rimus*, *facil limus;* après lequel on met le génitif.

EXEMPLES:

Le plus puissant des rois, *potentissimus regum;* le meilleur de tous, *optimus omnium;* le plus éloquent des sénateurs, *eloquentissimus senatorum.*

SUR FORTIOR MANUUM.

Quand il n'y a comparaison qu'entre deux, on met le comparatif qui gouverne le génitif.

EXEMPLES :

La plus forte des deux mains, *fortior manuum.*

Lequel de vous se repentira? le plus paresseux, *utrum vestrûm pœnitebit? pigriorem.*

Le plus petit des deux frères, *minor fratrum.*

Vous à qui il importe le moins de nous deux, *tu cujus refert minoris nostrûm. Que* après plus est ordinairement une marque de comparatif.

EXCEPTION.

Le *que* après plus n'est point la marque d'un comparatif dans ces deux manières. Dans la première, il s'exprime par *qui, quœ, quod*, comme relatif.

EXEMPLE :

C'est le plus habile homme que j'ai jamais connu ; j'exprimerai l'antécédent (de tous ceux) que j'ai jamais connu, *eruditissimus est omnium quos noverim.*

Dans la seconde, il s'exprime par *quàm*, devant le superlatif adverbe. *Remarquez* qu'il y a un solécisme à mettre le mot *quàm* après.

EXEMPLE :

EXEMPLE:

Le plus diligemment que j'ai pu, *quàm diligentissimè potui.*

DES NOMS PARTITIFS.

Les noms partitifs, (comme) *quis, aliquis, nullus, nemo, multus, alter, unus, plerique, pleræque, uter, neuter, uterque*, etc.; les noms de nombre, comme *unus, primus, secundus*, etc., gouvernent aussi le génitif, ou l'accusatif avec *inter*, ou l'ablatif avec *ex*, de même que le superlatif, et se mettent au genre du nom qu'ils gouvernent.

EXEMPLES:

Aucun des animaux, *nullum animalium*, ou *inter animalia*, ou *ex animalibus.*

La plus belle des déesses, *pulcherrima dearum*, ou *inter deas*, ou *ex deabus*; un de vous, *unus vestrûm*, ou *inter vos*, ou *ex vobis.*

La marque du comparatif c'est (PLUS.)

Les adverbes ont leur comparatif en *ius*, comme: sagement, *sapienter*; prudemment, *prudenter*; diligemment, *diligenter*; plus sagement, *sapientius*; plus prudemment, *prudentius*; plus diligemment *diligentius*; et leur superlatif en *imè*, très ou le plus sagement, *sapientissimè*; très ou le plus prudemment, *prudentissimè ;* très ou le plus diligemment, *diligentissimè*.

LA MARQUE DU SUPERLATIF.

Bien, *très*, *fort*, devant un adjectif ou un adverbe, ou bien *le*, *la*, *les*, *de*, *du*, *des*, devant *plus*, marquent le superlatif, *comme*, bien, très, fort agréable, *gratissimus*, *a*, *um*.

Remarquez que les adjectifs qui ont une voyelle devant *us*, n'ont point ordinairement de comparatif ni de superlatif, comme *necessarius*, *a*, *um*, *arduus*, *a*, *um; idoneus*, *a*, *um:* alors on met *magis* pour le comparatif, et *maximè* pour le superlatif avec le positif.

EXEMPLES:

Une chose plus nécessaire, *res magis necessaria;* plus propre, *res magis idonea;* plus difficile, *magis ardua ;* très-difficile, *res maximè ardua*.

EXCEPTION:

Æquus, juste, fait, *æquior*, *acquissimus*, *a*, *um*.

RÈGLE IX.

SUR AMO DEUM.

Du cas des verbes, actifs, déponens et neutres.

EXEMPLES:

Il a feuilleté plusieurs livrs, *evolvit multos libros*.

Honorer quelqu'un comme Dieu, *venerari aliquem ut Deum.*

Commettre toujours les mêmes fautes, *eadem peccare semper.*

Je plains votre malheur, *sortem tuam doleo.*

SUR STUDEO.

Ces verbes, *studeo*, *faveo*, *miror*, *gratulor*, *satisfacio*, etc., gouvernent le datif.

EXEMPLES:

Je favorise les écoliers, *faveo discipulis ;* j'étudierai ma leçon, *studebo lectioni meæ ;* je vous félicite, je vous fais compliment, je me réjouis avec vous, *gratulor tibi ;* j'ai contenté tout le monde, *satisfeci omnibus.*

Le verbe *occurro*, s'exprime d'une manière extraordinaire ; son nominatif français lui sert de cas.

EXEMPLE.

J'ai rencontré mon ennemi, *occurrit mihi inimicus.*

SUR OBLIVISCOR.

Les verbes *oublier*, *se souvenir*, gouvernent le génitif ou l'accusatif.

EXEMPLES:

Je me souviens de mes maux, *memini mala mea*

on *malorum meorum ;* j'ai oublié l'injure, *oblitus sum injuriæ* ou *injuriam.* Les adjectifs des verbes *oublier*, *se souvenir*, gouvernent aussi le génitif.

EXEMPLES :

Qui est reconnoissant des faveurs qu'il a reçues, *memor beneficii accepti ;* ingrat qui est méconnoissant, *immemor beneficii.*

SUR ACCUSO.

Les verbes, *accuso*, *damno*, *absolvo*, etc., gouvernent le génitif ou l'ablatif du crime ou de la faute dont on est accusé ou absout, et du supplice auquel on est condamné.

EXEMPLES :

J'accuse Pierre de larcin, *accuso Petrum furti vel furto.*

Condamné à la mort, *damnatus capite* ou *capitis.*

Absoudre d'un crime, *absolvere crimine* ou *criminis.*

SUR FUNGOR.

Les verbes *fungor*, *vescor*, *fruor*, *utor*, *potior*, auxquels on peut joindre *polleo*, *afficio*, *dono*, etc., veulent avoir l'ablatif.

EXEMPLES :

Faire son devoir, *fungi officio suo ;* exercer une

charge, *fungi aliquo munere ;* je me suis servi du conseil que vous m'avez donné, *usus sum consilio tuo ;* manger du pain, *vesci pane ;* jouir de l'empire, *potiri imperio ;* avoir de l'esprit, *pollere ingenio ;* donner un prix à quelqu'un, *donare aliquem præmio ;* être touché de joie, de douleur, *affici gaudio*, *dolore*.

ACCUSO SUIVI DE CES NOMS.

Après le verbe *accuso*, les adjectifs *alter*, *uter*, *neuter*, *uterque*, *omnis*, se mettent à l'ablatif.

EXEMPLES:

Etre accusé de l'un et de l'autre, *utroque accusari.*

Le verbe *sum*, mis pour *affero*, gouverne deux datifs.

Cette affaire vous apportera de la gloire, *hæc res tibi erit laudi.*

SUR INTERDICO.

Interdico a mieux un ablatif de la chose avec un datif de la personne.

EXEMPLES:

Interdire à quelqu'un le feu et l'eau, *aquâ et igne alicui interdicere ;* je te défends ma maison, (par le passif) *interdicitur tibi à me domus mea*, ou bien *tu interdiceris à me domo meâ.*

SUR SATAGO.

Satago régit seulement le génitif *rerum ;* tout

autre nom après ce verbe se met à l'ablatif avec la préposition *de.*

EXEMPLES :

Mêlez-vous de vos affaires, *satage rerum tuarum.* Se mêler des affaires d'autrui, *de negotiis alienis satagere*, et non pas *negotiorum.*

SUR DO, DUCO, HABEO, VERTO.

Les verbes *do*, *duco*, *habeo*, *verto*, ont deux datifs.

EXEMPLES :

Il m'a donné un livre en pur don, *librum dono mihi dedit ;* tu penses être louable en cela, *id tibi laudi ducis ;* qui ne te blâmera de cela, *quis erit vitio qui id non vertat tibi ;* il se moque de vous, *illi habueris ludibrio.*

SUR ADMONEO.

Admoneo gouverne le plus souvent un ablatif avec *de.*

EXEMPLE :

Avertir quelqu'un de quelque chose, *aliquem de re aliquâ admonere.*

RÈGLE X.

SUR AMOR A DEO.

Le verbe passif veut après lui l'ablatif avec une des prépositions *à, ab, abs*, quand il y a *de* ou *par* devant un nom de chose animée.

EXEMPLE:

Nous sommes réprimandés du maître, *objurgamur à prœceptore ;* si le nom est de chose inanimée, le verbe passif veut l'ablatif sans préposition.

EXEMPLE:

Je suis accablé de misères, *opprimor calamitatibus.*

SUR DEUS EST BONUS.

Après ces verbes, *dicor, credor, videor, vocor, appellor, nominor, habeor*, etc., s'il n'y a ni *de* ni *par*, (c'est-à-dire) qu'ils marquent l'union des mots, on met le nominatif comme après *sum* et *fio*.

EXEMPLES:

Je suis appelé Jean, *vocor Joannes;* vous êtes devenu ignorant, parce que vous avez été très-paresseux, *factus est imperitus, quia fuisti pigerrimus.*

Mais s'il y a *de* ou *par*, il gouverne l'ablatif avec *à* ou *ab.*

EXEMPLE:

Je suis appelé de Jean, *vocor à Joanne*.

Probor et *videor* gouvernent mieux le datif que l'ablatif.

EXEMPLES:

Il me semble à voir que tu feras un grand plaisir à tes parents, *benè meriturus mihi videris de tuis parentibus ;* je n'approuve pas cela, *mihi illud non probatur*.

SUR ESSE ET DICI.

Les infinitifs de ces mêmes verbes *esse, dici*, etc. veulent le nominatif après eux, s'il y a devant un nominatif; s'il y a un autre cas, il faut l'accusatif, parce qu'il y a toujours un accusatif sous-entendu devant l'infinitif.

EXEMPLES:

Il vouloit passer pour savant, *volebat haberi doctus*, parce qu'il y a *ille* qui est le nominatif sous-entendu de *volebat ;* il vous importe de devenir studieux, *tuâ refert fieri studiosum*, (*te*) est sous-entendu devant *fieri*.

Les verbes qui ont au parfait *je suis*, comme tous les verbes des questions de lieu, et quelques autres, comme *venir*, *partir*, *devenir*, *naître*, *mourir*, etc., veulent un nominatif après eux.

EXEMPLES:

Je suis venu seul, *veni solus ;* je suis né pauvre, *natus sum pauper*, etc.

RÈGLE

RÈGLE XI.

Sur les verbes neutres et déponens pris au passif dans le françois, et qui n'en ont point dans le latin.

Quand les verbes neutres et déponens sont pris au passif dans le français, on met le cas pour le nominatif du verbe, et le nominatif pour le cas.

EXEMPLES:

Nous sommes favorisés de la fortune, *fortuna nobis favet*, (c'est-à-dire) la fortune nous favorise; l'Empereur des français a été accompagné des Sénateurs, *Senatores francorum Imperatorem comitati fuerunt*; l'ennemi fut poursuivi par nos soldats, *milites nostri hostem persecuti fuerunt*.

CES VERBES MANQUANT DE CAS.

Si les verbes neutres ou déponens pris au passif n'ont point de cas dans le français, si l'on peut tourner la phrase par *nous*, on met la première personne du pluriel; si l'on ne peut pas, il faut en supposer un, comme *omnes*, *plerique*, *homines*, etc., et se servir de la troisième personne du pluriel.

6

EXEMPLES:

Les gens de biens sont imités, *imitamur viros probos*, ou *omnes*, ou *homines imitantur viros probos;* cette leçon a été étudiée, *studuimus* ou *studuerunt scholastici huic lectioni.*

CES VERBES JOINTS A D'AUTRES QUI ONT UN PASSIF.

Lorsque les verbes passifs sont joints à des verbes neutres ou déponens, mis aussi au passif en français, il les faut exprimer tous deux à l'actif; s'ils ont un cas commun et qu'ils soient de divers régimes, on donne à chacun son cas en le répétant.

EXEMPLES:

Nous avons été écoutés et favorisés de nos juges, *judices nostri nos audiverunt et nobis faverunt;* les leçons qui ont été lues et étudiées, *lectiones quas legimus* ou *legerunt, et quibus studuimus* ou *studuerunt;* Pompée a toujours été autant favorisé et estimé que loué, *Pompeio semper tantum faverunt, eumque tanti æstimârunt quantùm laudârunt.*

Cicéron est autant admiré, loué et estimé, que Démosthènes, *tantùm mirantur, laudant tantique æstimant Ciceronem, quantùm mirantur, laudant quantique æstimant Demosthenem.*

SUR L'AMPHIBOLOGIE.

Pour éviter l'amphibologie, il faut tourner l'actif

par le passif; ainsi pour exprimer en latin, je crois que Pierre aime Paul, je ne dirai pas, *credo Petrum amare Paulum*, mais bien *credo Paulum amari à Petro*.

RÈGLE XII.

SUR LES VERBES RECEVOIR, OBTENIR, DEMANDER, etc.

Impetro, peto, accipio, obtineo, libero, eximio, mutuor, redimo, disto, discedo et *audio*, signifiant apprendre de quelqu'un, ou entendre dire à quelqu'un, etc., gouvernent l'ablatif avec les prépositions *à, ab, abs.*

EXEMPLES:

Je demanderai de l'argent à Pierre, *petam à Petro pecuniam;* j'ai reçu des lettres de mon ami, *accepi ab amico meo litteras;* j'ai obtenu de lui, *obtinui* ou *ab illo impetravi.*

Emprunter de l'argent de ses amis, *mutuari ab amicis pecuniam;* je vous délivrerai du danger, *liberabo te à periculo.*

Ce village est éloigné de la ville, *distat ab urbe vicus ille.*

Eloignez-vous de ce méchant homme, *à nequissimo isto homine discedas;* j'ai oui-dire au messager, ou j'ai appris du messager, *audivi* ou *accepi à tabellario*.

AUTRE EXEMPLE:

Je reçois un grand plaisir de vos lettres, *incredibilem voluptatem ex epistolis tuis capio*.

RÈGLE XIII.

SUR LES ADJECTIFS ET LES VERBES D'ABONDANCE, DE PRIVATION, D'INDIGENCE, etc.

Les verbes et les adjectifs d'*abondance* et de *privation*, prennent le génitif ou l'ablatif, mais les verbes prennent plutôt l'ablatif.

EXEMPLES:

Riche en argent, *locuples pecuniæ*, ou *pecuniâ*; la pauvreté est féconde en vertus, *paupertas est fœcunda virtutum*; destitué de toutes choses, *egenus omnium*; qui a perdu les yeux, l'esprit, etc., *captus oculis, mente*, etc.; abonder en richesses, *circumfluere divitiis*; avoir beaucoup d'esprit, *abundare ingenio*; être rassasié de fruits, *satiari fructibus*; manquer d'amis, *carere amicis*.

SUR PLENUS, DIGNUS, INDIGNUS ET CONTENTUS.

L'ablatif se met encore après ces adjectifs, *ple-*

nus, dignus, indignus, et *contentus*, COMME digne d'être aimé, *amore dignus;* digne de récompense, *dignus mercede.*

Cependant on tourne mieux par *qui, quœ, quod* avec le subjonctif après *dignus.*

EXEMPLES:

Il est digne d'être aimé, *dignus est qui ametur ;* qui est content de sa condition, *contentus suâ sorte;* une ville remplie de citoyens, *civitas plena civibus.*

SUR OPUS EST.

Opus indéclinable est suivi d'un ablatif de la chose dont on a besoin, et sert de nominatif au verbe *sum*, et la personne qui a besoin se met au datif.

EXEMPLE:

J'ai besoin ou j'ai affaire d'argent, *opus est mihi nummis.*

RÈGLE XIV.

DU NOM DE LA CAUSE, DE LA MANIÈRE ET DE L'INSTRUMENT.

Le nom de la *cause*, de la *manière* et de l'*instrument* se mettent à l'ablatif sans préposition.

EXEMPLES:

Nom de la cause, il est tout ému de colère et de douleur, *ardet irâ et dolore ;* j'attendois votre arrivée avec une extrême impatience, *expectabam summâ curâ adventum tuum.*

NOM DE LA MANIÈRE.

Marcher à petit pas, *lento gradu procedere.*

NOM DE L'INSTRUMENT.

Il me frappa à coups de bâton, *baculo me percussit ;* il repoussa son ennemi avec une épée, *ense adversarium suum repulit ;* jouer à la paume, *pilâ ludere.*

SUR LE NOM DE BONNE OU MAUVAISE QUALITÉ.

Le nom de *bonne* ou *mauvaise qualité* se met aussi à l'ablatif, ou au génitif.

EXEMPLES:

Un enfant d'un bon naturel, *adolescens egregiâ indole*, ou *egregiæ indolis ;* vertueux, *virtute præditus ;* une femme d'un visage laid, *mulier deformi vultu.*

NOM DE LA MATIÈRE.

Le nom de la matière, dont quelque chose est faite, se met à l'ablatif avec *è* ou *ex.*

EXEMPLE:

Une image d'or, *imago ex auro.*

RÈGLE XV.

DU NOM DE TEMS, SUR QUANDIU.

L'espace ou la durée du tems qui répond à la question, combien de tems, se met à l'accusatif ou à l'ablatif avec le nombre cardinal qui est *unus, a, um; duo, duæ, duo, tres* et *hæc tria, quatuor, quinque,* et le reste indéclinable.

EXEMPLES:

Nous avons joué une ou deux heures, *lusimus unâ aut duabus horis;* je l'ai retenu trois jours avec moi, *eum mecum tenui tribus diebus;* je suis âgé de quinze ans, *natus sum quindecim annos;* il a vécu quatre mois, *vixit quatuor mensibus.*

SUR QUANDO.

Le nom de tems précis, qui répond à la question, *quando*, se met à l'ablatif avec le nombre ordinal qui est *primus, a, um, secundus, a, um, tertius, a, um,* etc., comme je me suis levé aujourd'hui à cinq heures du matin, *surrexi hodiè quintâ horâ matutinâ;* l'année qu'il fut fait consul, *anno quo factus est consul;* j'ai composé ceci en mil huit cent trois, dans le mois de septembre, *hæc composui anno millesimo octingentesimo tertio mense septembri;* j'irai chez vous au mois de mai, le jour que vous serez à la maison, *ibo ad te mense maio die quâ domi aderis.*

A LA QUESTION QUANTO TEMPORE.

On use du nombre cardinal, *unus, duo, tres*, et le nom de tems se met à l'ablatif sans préposition, ou bien à l'accusatif avec la préposition *intrà*, surtout quand il s'agit du tems à venir.

EXEMPLE :

Tu ne pourras faire cela en deux heures, *duabus horis, vel, intrà duas horas id facere non poteris.*

REMARQUES POUR CONNOÎTRE LES QUESTIONS DE TEMS.

On reconnoît que la question est faite par *quandò?* lorsqu'en français devant le nom de tems *à* se rencontre.

EXEMPLE :

Je viendrai à trois heures, *veniam tertiâ horâ.*

Quand la préposition *en* se trouve devant le nom de tems en français, la question est faite par *quantò tempore.*

EXEMPLE :

Tu ne pourras pas faire cela en une heure, *unâ horâ vel intra unam horam id facere non poteris.*

Quand ni l'une ni l'autre ne se rencontrent point, la question se fait ordinairement par *quandiù.*

EXEMPLE :

EXEMPLE:

J'ai séjourné trois jours à Dijon, *Divione tribus diebus, vel tres dies commoratus sum.*

SUR DEPUIS.

Depuis avec un nom de tems s'exprime par *à* ou *abhinc.*

EXEMPLES:

Depuis huit jours, *abhinc octo diebus.*

Depuis le premier jour de septembre, *à calendis septembris*, sous-entendu (*mensis*).

SUR IL Y A.

Il y a dix ans qu'il est mort (c'est-à-dire) il est mort depuis dix ans, *decem abhinc annis mortuus est*, vel *decimus est annus ab ejus morte.*

SUR DEPUIS QUE.

Depuis que, *ex quo*, sous-entendu *tempore.*

EXEMPLE:

Depuis que vous êtes venu, *ex quo venisti.*

Mais pour le tems à venir, on se sert de *post* ou de *ad.*

EXEMPLES:

Dans deux ans, *post biennium*, vel *ad biennium.*

On dit encore entre ici et trois jours, dans trois jours, etc., *intrà triduum*, *intrà tres dies.*

RÈGLE XVI.

DU NOM DE MESURE.

Le nom de *mesure*, (c'est-à-dire) de *longueur*, *largeur*, *hauteur* et *profondeur*, se met à l'ablatif ou à l'accusatif.

EXEMPLES:

L'Europe a neuf cents lieues de largeur, *Europa in latitudinem nongentas leucas patet*, vel *nongentis leucis ;* une maison haute de cent pieds, *domus alta centum pedibus ;* la distance d'un lieu précis se met à l'ablatif avec le nombre ordinal.

EXEMPLE:

A trois pas d'ici, *tertio abhinc passu.*

Nom *signifiant distance et le lieu où la chose a été faite.*

Quand un même nom signifie en même tems un lieu et la distance d'un autre lieu, il se met à l'ablatif, ou bien à l'accusatif avec *ad*, et alors il faut se servir du nombre ordinal qui n'est autre chose qu'un adjectif de quantité, appelé adjectif déterminatif.

EXEMPLE:

Il a été tué à dix pas de sa maison, *decimo passu*, ou autrement *ad decimum passum à domo suâ occisus fuit.*

RÈGLE XVII.

DU NOM DE PRIX.

Le nom de *prix* se met à l'ablatif.

EXEMPLE :

J'ai acheté ce cheval cent écus, *emi hunc equum centum nummis.*

Les verbes de prix qui sont, *valeo* et ceux que nous avons déjà nommés, veulent le génitif *tanti, quanti, pluris, maximi, minimi, multi, tantidem, parvi, nihili, quanticumque, hujus, magni, nauci, flocci, pili, assis, teruncii.*

EXEMPLES :

Il a acheté autant qu'il a voulu, et non pas davantage, *emit tanti quanti voluit, non pluris.*

Deux fois plus qu'il ne vaut, *altero tanto pluris quàm valet :* on met aussi ces génitifs avec *refert interest*, excepté *maximi*, *minimi*, *plurimi ;* cependant les auteurs s'en servent indifféremment.

On dit, prendre en bonne part, *æqui boni facere.*

RÈGLE XVIII.

SUR VOLO LEGERE.

DE L'INFINITIF.

Il est naturel de mettre aussi-bien en latin qu'en français le verbe à l'infinitif après un autre verbe.

EXEMPLES:

Je dois étudier ma leçon, *debeo studere meæ lectioni ;* je me repens d'avoir dit cela, *me pænitet id dixisse.*

DU SUPIN EN UM.

(*Le supin est le véritable substantif du verbe.*)

Après un verbe de mouvement, on met le supin en *um.*

EXEMPLES:

Je vais jouer, *eo lusum ;* je vais travailler, *eo laboratum.* On se sert aussi du participe en *rus.*

EXEMPLE:

Je suis venu vous avertir, *veni te monitum*, ou *te moniturus.*

Quand le verbe n'a pas de supin.

Si le verbe n'a pas de supin, on met *ad* avec le gérondif en *dum*, ou bien, *ut* avec le subjonctif.

EXEMPLE:

Mon père m'a envoyé étudier, *pater me misit ad studendum*, ou *ut studerem.*

Sur les verbes de sens avec un infinitif.

Après *video* et *audio*, on exprime le présent de l'infinitif par l'adjectif actif, (ou participe du présent) qu'on fait accorder en genre, nombre et cas.

EXEMPLES:

Je les entend parler, *audio eos loquentes.*
Ils virent voler un oiseau, *viderunt avem volitantem.*

REMARQUE *très-importante pour savoir en quel tems du subjonctif il faut mettre le verbe qui est à l'infinitif.*

L'infinitif français s'exprime par le subjonctif: quand le verbe qui est devant l'infinitif, en français, est au présent ou au futur.

EXEMPLE:

Je viens, je viendrai pour étudier, *venio, veniam ut studeam.*

Si le premier verbe est à l'imparfait, parfait ou plusqueparfait, il faudra se servir de l'imparfait du subjonctif.

EXEMPLE:

Je venois, je suis venu, j'étois venu pour étudier, *veniebam, veni, veneram ut studerem.*

SUR LE POINT.

Ces mots s'expriment par le futur en *rus*, avec *jam jam.*

EXEMPLE:

Je suis sur le point de partir, *jam, jam profecturus sum.*

RÈGLE XIX.

DU GÉRONDIF EN DI.

Après un substantif de choses inanimées, l'infinitif se met au gérondif en *di.*

EXEMPLES:

Le tems de se divertir, *tempus relaxandi animum;* de jouer, *ludendi;* la nécessité d'apprendre, *necessitas ediscendi.*

Il cherche l'occasion de vous rendre service, *captat occasionem de te benè merendi.*

J'ai un désir extrême de vous contenter, *summo teneor desiderio satis tibi faciendi.*

A OU POUR DEVANT UN INFINITIF.

Pour, devant un infinitif, s'exprime par *ad* avec le gérondif en *dum.*

EXEMPLES :

Pour lire, *ad legendum ;* pour étudier, *ad studendum*, ou bien par *ut* avec le subjonctif, au tems, nombre et personne qu'il faut.

EXEMPLE :

J'étudie pour devenir savant, *studeo ut fiam doctus*. On met encore le gérondif en *dum*, avec *inter*.

EXEMPLE :

En dînant, *inter prandendum.*

Le gérondif en *do* se met avec les prépositions qui gouvernent l'ablatif.

EXEMPLE :

Il revenoit de jouer, *redibat à ludendo.*

RÈGLE XX.

SUR PARUM VINI.

Quelques adverbes qui gouvernent le génitif.

En ce tems-là, *tùnc temporis ;* le jour de devant, *pridiè hujus diei ;* le lendemain, *postridiè ;* en quel lieu du monde? *ubi terrarum?* nulle part, *nusquam gentium.*

Assez de soldats, *satis militum*, ou *satis multi milites;* peu d'argent, *parùm pecuniæ;* comme une montagne, *montis instar;* à cause de mes amis, *amicorum meorum ergò;* jusqu'à ce point d'impudence, *eò impudentiæ;* beaucoup de tems, *multum temporis.*

RÈGLE XXI.

SUR QUIS TE REDEMIT.

La réponse se met au cas de la demande.

EXEMPLES:

A qui est ce livre? à Jean, *cujus est liber? Joannis;* lequel de vous se repentira? le plus paresseux, *quem vestrûm pœnitebit? pigerrimum;* qu'avez-vous apporté? de l'argent, *quid attulisti? nummos.*

Quand l'interrogation commence par un verbe, il est mieux de répondre par le même verbe, que par *ita*, *etiam*, *non.*

EXEMPLE:

Avez-vous vu l'empereur des français? oui, *vidistisne gallorum imperatorem? vidi.*

Quand il ne faut pas répondre par le même cas.

On ne répond pas par le même cas, quand la réponse dépend d'un verbe qui gouverne un autre cas que celui dont on s'est servi dans la demande; ou ou qu'il y a quelque règle qui empêche que le verbe dont on s'est servi dans la demande, ne reçoive le même cas dans la réponse.

EXEMPLES:

A qui appartient ce livre? à moi, *cujus est liber? meus est ;* à qui est-ce à étudier? à moi, *cujus est studere? meum est ;* à qui importe-t-il de devenir savant? à nous deux, *quorum interest fieri doctos? nostrâ utriusque ;* combien avez-vous acheté ce livre? dix sols, *quanti emisti hunc librum? decem assibus ;* accuse-t-on Pierre d'homicide ou de larcin? ni de l'un ni de l'autre, *accusatur ne Petrus homicidii an furti? neutrò ;* que faites-vous? j'étudie ma leçon! *quid agis? studeo lectioni !*

RÈGLE XXII.

DES QUESTIONS DE LIEU.

Il y a quatre questions de lieu.

UBI, QUO, UNDÈ, QUA.

Ubi — sans mouvement.
Quò — mouvement pour aller.
Undè — mouvement pour revenir.
Qua — mouvement pour passer.

Il y a trois sortes de nom de lieu, les noms propres de *villes*, les noms de *grand lieu*, (c'est-à-dire) de *royaume*, de *province*, d'*île*, et les *noms appellatifs*.

Les noms propres de *villes* ne veulent point de préposition, ainsi que *rus* et *domus*.

Les noms *appellatifs* et de *grand lieu* que l'on connoît par ces mots LE, LA, LES, et EN ou DANS, veulent des prépositions : *in* pour exprimer EN ou DANS ; *per* pour exprimer par ; *ex* pour exprimer DE.

RÈGLE XXIII.

DE LA QUESTION UBI.

Les noms de villes, à la question *ubi*, se mettent au génitif, quand ils sont de la première ou de la seconde déclinaison, et du singulier.

EXEMPLES:

Je suis à Paris, *sum Lutetiæ ;* il demeure à Lyon, *manet Lugduni*.

Quand ils sont de la troisième, ou qu'ils n'ont que le pluriel, on les met au datif, ou à l'ablatif.

EXEMPLES:

J'ai séjourné à Dijon, *commoratus sum Divione* ou *Divioni ;* il demeuroit dans Athènes, *manebat Athenis ;* j'étais à la maison, *eram domi ;* il vit à la campagne, *vivit ruri* ou *rure*.

Les noms *appellatifs* et de *grand lieu* se mettent à l'ablatif avec *in*.

EXEMPLES:

Je me promenois dans la cour, *ambulabam in areâ;* j'ai vu en Italie, *vidi in Italiâ*.

CHEZ, cette question s'exprime par *apud*.

EXEMPLE:

J'ai dîné chez mon ami, *prandi apud amicum*.

RÈGLE XXIV.

DE LA QUESTION QUO.

Les noms de villes, *rus* et *domus*, à la question quò, se mettent à l'accusatif sans préposition.

EXEMPLES:

J'irai à Rouen, *ibo Rothomagum;* il est parti pour aller à la maison, *profectus est domum;* il s'en est allé à la campagne, *rus se contulit;* il est allé à Rome, *petivit Romam*.

Les noms *appellatifs* et de *grand lieu*, se mettent à l'accusatif avec *in*.

EXEMPLES:

Il est allé en Allemagne, *ivit in Germaniam*.
Entrez en classe, *ingredere in scholam*.

CHEZ, s'exprime par *ad*.

EXEMPLES:

J'enverrai chez vous un laquais, *mittam ad te puerum;* chez Antoine, *ad Antonium.*

RÈGLE XXV.

DE LA QUESTION UNDÈ.

Les noms de villes, *rus* et *domus*, à la question *undè*, se mettent à l'ablatif sans préposition.

EXEMPLES:

Je suis revenu de Dijon, *redivi Divione.*

Je suis sorti de la maison, *egressus sum domo.*

Il est sorti de Lons-le-Saunier, *egressus est Lœdone.*

Il est parti de la campagne, *profectus est rure.*

Les noms *appellatifs* et de *grand lieu* se mettent à l'ablatif avec *ex.*

EXEMPLES:

J'étois venu de Champagne, *veneram ex Campaniâ;* il est sorti de la chambre, *exivit ex cubiculo.*

De chez, s'exprime par *à* ou *ab*, avec l'ablatif de la personne, ou par *ex domo* avec le génitif.

EXEMPLE:

Je sortois de chez l'empereur, *egrediebar ab imperatore,* ou *ex palatio imperatoris.*

RÈGLE XXVI.

DE LA QUESTION QUA.

Les noms de villes, *rus* et *domus*, se mettent à l'accusatif, en se servant de *transire*, sans préposition.

EXEMPLES:

Je passerai par Paris, *transibo Lutetiam*; par Orléans, *Aureliam*; par la maison, *domum*; par Dôle, *Dolam*; par Auxonne, *Aussonam*.

Les noms *appellatifs* et de *grand lieu*, se mettent à l'accusatif avec la préposition *per*, en se servant des verbes *iter habere*, *iter facere*, *ire*.

EXEMPLES:

J'ai passé par le jardin, *iter habere per hortum*; par la Picardie, *per Picardiam*.

Par chez, s'exprime par *per domum* avec le génitif.

EXEMPLE:

Vous passerez par chez Lucullus, *iter facies per domum Luculli*.

REMARQUES.

Lors qu'après les noms propres on met VILLE, on lui donne une préposition.

EXEMPLE:

Je suis venu de Besançon ville très-célèbre, *veni Vesuntione ex urbe celeberrimâ.*

Si l'on joint à *domus* un adjectif, ou un génitif, il faut mettre une préposition.

EXEMPLES:

Il sort de la maison voisine, *egreditur è vicinâ domo;* j'ai demeuré un mois entier dans la maison de mon père, *commoratus sum mense toto in domo patris mei.*

Si l'on emploie avec DOMUS les pronoms (ou adjectifs déterminatifs) *meus*, *tuus*, *suus*, *noster*, *vester*, il est mieux de ne pas se servir de préposition.

EXEMPLE:

Vous passerez par chez moi, *iter facies domum meam.*

ADVERBES DE LIEU.

QUESTION UBI.

Ubi? — où? *ubi est?* où est-il?
Hic, — ici où je suis.
Istic, — là où tu es.
Illic, — là où il est.
Ibi, — là y.
Alibi, — ailleurs - autre part.
Alicubi, *uspiam*, — quelque part.

Nullibi nusquam , — nulle part.
Ibidem . . . . — là même.
Ubicumque, ubivis, ubique, - en quelque lieu que.
Foris , — dehors.
Intùs , — dedans.

QUESTION QUO.

Quò , ... — où.
Hùc, ... — ici où je suis.
Istùc , ... — là où tu es.
Illùc, ... — là où il est.
Eò , ... — là y.
Aliò , ... — ailleurs.
Quòpiam, . . — quelque part.
Quòcumque, — partout où , en quelque lieu que ce soit.
Eòdem, ... — là même.
Nusquam , . . — nulle part.
Foràs, ... — dehors.
Intrò , ... — dedans.

QUESTION UNDÈ.

Undè, ... — d'où.
Hinc , ... — d'ici où je suis.
Istinc, ... — de là où tu es.
Illinc, ... — de là où il est.
Indè , ... — de là , en.
Alicundè, . . . — de quelque part.
Undècumque, — de quelqu'endroit que ce soit.
Indidem , . . . — du même lieu.

QUESTION QUA.

Quà, ...— par où.
Hàc, ...— par ici où je suis.
Istàc, ...— par là où tu es.
Illàc, ...— par là où il est.
Eà, ...— par là y.
Aliquà, ...— par quelqu'endroit.
Quàcumque, — par quelqu'endroit que ce soit.
Eàdem, ...— par le même endroit.

REMARQUES:

Souvent ces ablatifs *initio*, *loco*, *principio*, sont gouvernés de la préposition *in*, qui est quelquefois sous-entendue.

MÉTHODE SUBSIDIAIRE

Pour faciliter et assurer l'application de l'abrégé de cette syntaxe.

L'écolier questionne ainsi, de manière à faire en réponse le substantif dont on cherche le rapport, et on le met au cas qui correspond à la question.

QUESTIONS.

J'écoute, qui est-ce qui écoute? moi! *moi* est donc nominatif.

J'aime Dieu, qui aimé-je? Dieu! *Dieu* est accusatif.

Le livre de Pierre, le livre de qui? de Pierre! *Pierre* est génitif.

Je

Je t'ai écrit, à qui? à toi! *à toi* est datif.

Je suis aimé de Dieu, de qui? de Dieu! *Dieu* est ablatif.

O placé devant un substantif est le signe du vocatif.

EXEMPLE.

Rome où sont tes héros? c'est-à-dire ô Rome! *Rome* est vocatif.

NOTA. L'accusatif et l'ablatif sont quelquefois précédés d'un sur-adjectif ou préposition, *voyez* quand, et pourquoi, dans les sur-adjectifs.

DES PRÉPOSITIONS.

La préposition est un mot invariable qui, étant devant un substantif ou un adjectif, gouverne l'accusatif ou l'ablatif, et lorsqu'il est devant un verbe, il ajoute à sa signification.

Il y a trente prépositions qui veulent l'accusatif.

ACCUSATIF.

1 *Ad*............. auprès, chez, pour.
2 *Adversum adversùs*........... contre, vis-à-vis.
3 *Antè*............ devant, avant.
4 *Apud*........... auprès, chez.
5 *Circa*........... auprès, environ.

6 *Circiter*.......... environ, à-peu-près.
7 *Circum*.......... autour, à l'entour.
8 *Cis, citra*........ deça, en deça.
9 *Contra*.......... contre, vis-à-vis, à l'opposite.
10 *Erga*............ envers, à l'égard de.
11 *Extra*........... hors, outre, excepté.
12 *Infra*............ sous, au-dessous.
13 *Inter*............ entre, parmi.
14 *Intra*............ dans, dans l'espace de.
15 *Juxta*........... auprès, proche.
16 *Ob*.............. pour, devant, à cause de.
17 *Penes*........... en la puissance de.
18 *Per*............. par, durant, pendant, au travers de.
19 *Ponè*............ après, derrière, par derrière.
20 *Post*............ après, depuis.
21 *Prœter*.......... excepté, hormis, outre.
22 *Propè*........... proche, près de, auprès de.
23 *Propter*.......... pour, à cause de.
24 *Secundum*........ selon, suivant, auprès de.
25 *Secus*........... auprès de, le long de.
26 *Supra*........... sur, au-dessus de.
27 *Trans*........... au-delà, par-delà.
28 *Versus*.......... vers, du côté de.
29 *Ultra*........... au-delà, par-delà.
30 *Usque*........... jusqu'à.

Il y a douze prépositions qui veulent l'ablatif.

ABLATIF.

1	*A*, *ab*, *abs*......	de, du, des, depuis, par, loin de.
2	*Absque*..........	sans.
3	*Clam*............	en cachette, à l'insçu de.
4	*Coram*..........	devant, en présence de.
5	*Cum*............	avec.
6	*De*..............	de, sur ou touchant.
7	*É* ou *ex*.........	de, par.
8	*Palam*...........	devant, en présence de.
9	*Præ*.............	devant, en comparaison de.
10	*Pro*.............	pour, au lieu de, selon.
11	*Sine*............	sans.
12	*Tenus*...........	jusqu'à, touchant à.

Les quatre prépositions suivantes veulent l'accusatif, lorsqu'elles sont jointes à un verbe de mouvement, et l'ablatif, lorsqu'elles sont jointes à un verbe de repos.

1	*In*..............	en, dedans, sur.
2	*Sub*.............	sous, au-dessous.
3	*Subter*...........	sous, au-dessous de.
4	*Super*...........	sur, dessus, au-dessus de.

OBSERVAVION.

Quatre prépositions se mettent après leur régime.

EXEMPLES:

CUM. . . (avec), se met après les pronoms substantifs *ego*, *tu*, *sui*, *nos*, *vos*, et *qui*, *quæ*, *quod*. On dit *mecum*, avec moi, etc. et *quocum*, *quâcum*, avec qui, etc.

TENUS. . (jusqu'à), qui veut l'*ablatif*, lorsque son régime est singulier ; jusqu'à la garde, *capulo tenus*, et le *génitif*, lorsque le régime est du pluriel ; jusqu'aux oreilles, *aurium tenus*.

VERSUS. . (vers), vers Brindes, *Brundusium versus ;* à proprement parler, *versus* n'est pas préposition, car quand on dit, *Brundusium versus*, on sous-entend *ad*, vers les Alpes, *Alpes versus*.

INTER. . . (entre), se met après son régime, surtout lorsqu'il peut être entre deux accusatifs ; quelle différence entre le père et la mère, *quid discriminis patrem inter et matrem*.

SECONDE OBSERVATION.

Il y a des prépositions qui deviennent adverbes, sans gouverner aucun cas, et qui prennent les degrés de comparaison.

EXEMPLES:

Positif.

Extrà.	au-dehors.
Intrà.	en-dedans.
Infrà.	au bas.
Ultrà.	outre.

Comparatif.

Exteriùs.	plus au-dehors.
Interiùs.	plus au-dedans.
Inferiùs.	plus bas.
Ulteriùs.	plus loin.

Superlatif.

Extimè.	fort au-dehors.
Intimè..	très-avant.
Infimè	très-bas.
Ultimè.	très-loin.

DES ADVERBES.

L'adverbe est un mot invariable ; lorsqu'il joint un verbe ou un nom, il en détermine et spécifie la signification, et n'a jamais de régime.

Il y a plusieurs sortes d'adverbes.

ADVERBES DE TEMS.

Hodiè . . . . aujourd'hui.
Cras. . . . . demain.
Heri . . . . hier.
Pridiè. . . . . le jour de devant.
Perindè. . . . . après-demain.
Postridiè. . . . . le lendemain.

ADVERBES DE QUANTITÉ.

Multùm . . . . beaucoup.
Parùm. . . . . peu, guère.
Tantulùm. . . . . un peu, tant soit peu.
Minimùm. . . . . très-peu.

Les adverbes de lieu sont à la fin de la question QUA.

ADVERBES QUI MARQUENT LA RESSEMBLANCE.

Ita. . . . . ainsi.
Quasi. . . . . comme si.

Quemadmodum	de même que.
Sic, sicut, sicuti, velut, veluti, ut, uti. . . .	de même que, comme.
Tanquam.	comme si, de même que si.

ADVERBES POUR ASSURER.

Etiam, ita.	oui.
Certè, sané, profectò . .	assurément.
Quidem	ne se met qu'après un mot, il signifie à la vérité.
Equidem	certes.

Il ne se met que pour *ego quidem*.

ADVERBES POUR NIER.

Non haud.	non, ne, ne point.
Minimè	point du tout.
Nequaquam.	nullement.

ADVERBES D'INTERROGATION.

Cur, quare, quamobrem? quid ita? . .	pourquoi ?
Quorsùm	à quoi bon.
An? anne? num? . . .	est-ce que ?

ADVERBES DE DOUTE.

An ou *utrùm*.	(*avant le mot*,) si.
ne.	(*après le mot*,) si.
Forsàn, forsitàn, fortassè.	peut-être.
Fortè	par hasard.

ADVERBES D'UNION.

Simul, unà. . . . . . . ensemble.
Pariter . . . . pareillement.
Conjonctìm. . . . . . . conjointement.
Universìm. . . . . généralement.

ADVERBES DE DIVISION.

Alioquin . . . . (*avant une voyelle*,)
alioqui. . . . . (*avant une consonne*,) autrement, si cela n'étoit pas.
Privatim, seorsim. . . à part, en particulier.

ADVERBES DE DÉMONSTRATION.

En, ecce . . . . voici, voilà.

POUR EXHORTER.

Eia, euge . . . . courage.
Age, agedum. . . . . (*au singulier*,)
agite, agitedum. . . (*au pluriel*,) hé bien, ferme, courage.

ADVERBES DE DESIR.

Utinam . . . . plaise à Dieu, ou plut à Dieu.

ADVERBES DE MANIÈRE.

Doctè. . . . . doctement.
Pulchrè. . . . . bien.
Fortiter. . . . . vaillamment.

Les adverbes qui marquent la manière, ont ordinairement, comme les adjectifs dont ils sont dérivés,

dérivés, les trois degrés de comparaison, (c'est-à-dire) le *positif*, le *comparatif*, et le *superlatif*; le positif est terminé en *e*, en *ò*, en *er*; le comparatif en *iùs*, et le superlatif en *imè*.

Positif.

Doctè............... doctement.
Citò................ vîte.
Diligenter........... exactement.

Comparatif.

Doctiùs............. plus doctement.
Citiùs.............. plus vîte.
Diligentiùs.......... plus exactement.

Superlatif.

Doctissimè........... très-doctement.
Citissimè............ très-vîte.
Diligentissimè....... très-exactement.

Les adverbes qui sont formés des adjectifs dont les comparatifs et les superlatifs sont irréguliers, ont de même leurs comparatifs *et* leurs superlatifs irréguliers.

EXEMPLES:

Positif.

Benè.............. bien.
Malè.............. mal.
Multùm............ beaucoup.
Parùm............. peu.

Comparatif.

Meliùs. . . . . mieux.
Pejùs. . . . . pire, plus mal.
Magìs.. . . . . plus.
Minùs. . . . . moins.

Superlatif.

Optimè. . . . . très-bien.
Pessimè. . . . . très-mal.
Maximè . . . . très *ou* le plus.
Minimè. . . . . le moins, très-peu.

CEUX QUI SUIVENT NE VIENNENT D'AUCUN NOM.

Positif.

Sæpè. . . . . souvent.
Propè. . . . . proche.

Comparatif.

Sæpiùs. . . . . plus souvent.
Propiùs. . . . . plus proche.

Superlatif.

Sæpissimè. . . . . très-souvent.
Maximè. . . . . très-proche.

LES DEUX SUIVANTS N'ONT POINT DE SUPERLATIF.

Positif.

Serò. . . . . tard.
Satis . . . . assez.

Comparatif.

Seriùs. . . . . trop tard, plus tard.
Satiùs. . . . . mieux.

CELUI QUI N'A POINT DE COMPARATIF.

Positif.

Nuper. . . . . depuis peu, dernièrement.

Superlatif.

Nuperrimè. . . . . . . très-récemment.

LES TROIS SUIVANTS N'ONT POINT DE POSITIF.

Comparatif.

Ocyùs. . . . . plus vîte.
Potiùs. . . . . plutôt.
Priùs. . . . . auparavant.

Superlatif.

Ocyssimè . . . . très-vite.
Potissimè ou *potissimùm* . . . . principalement.
Primùm. . . . . premièrement.

DES CONJONCTIONS.

La conjonction est un mot invariable, qui sert à lier les parties du discours.

LES UNES JOIGNENT LES CHOSES.

Et, que, atque, ac. . . et.
(*Que*) ne se met qu'après un mot.
Etiam, quoque. . . . aussi.
(Ils ne se mettent qu'après un mot.)
Præteread . . . . outre cela.
Cùm, tùm. . . . . non-seulement, mais encore.

LES AUTRES POUR SÉPARER.

Aut, vel, ve. . . . . . . ou, ou bien.
(*Ve*) ne se met qu'après un mot.
Sive . . . . soit que.
Sicut . . . . comme.
Nec, neque. . . . . . . ne, ni, non plus, etc.

LES AUTRES POUR CONCLURE.

Ergo, igitur. . . . . . donc.
Ideò, idcircò, itaque. . . c'est pourquoi, c'est pour cela que.

LES AUTRES POUR OPPOSITION.

Sed, sedenim, at, atqui, porrò, autem, verò. . . mais.

(*Autem* et *verò*) ne se mettent qu'après un mot.

Etsi, etiamsi, quanquam, quamvis, tametsi, licèt	bien que, quoique, encore que.
Cum, ut	quoique.
Cæterùm, porrò. . . .	au reste.
Immò, immoverò, quin, quin etiam, quin potiùs	mais, mais au contraire, qui plus est.

LES AUTRES POUR RENDRE RAISON.

Nam, namque, enim, etenim	car.

(*Enim*) ne se met qu'après un mot.

Quòd, quià, propterea, quoniam	parce que.
Ut potè, quippè, si quidem, quandò quidem.	puisque, parce que.
Cùm.	lorsque, puisque.
Ut.	afin que.
Ita ut, sicut.	de sorte que, tellement que.
Ne.	ne, de peur que.

LES AUTRES SONT CONDITIONNELLES.

Dùm, dummodò. . .	pourvu que.

Modò ne. . . . . . . pour vu que, ne.
Si, si modo. . . . . . si, si tant est que.
Sin, si non, sin minus, sin aliter . . . . . . sinon, si cela n'étoit pas.
Nisi. . . . . sinon que, si ce n'est que, à moins que.

DES INTERJECTIONS.

L'interjection est un mot invariable, qui sert à marquer les différens mouvements de l'ame.

LES UNES MARQUENT L'ADMIRATION.

Papœ! hui! . . . . . ô! ha! ho ho!

LA JOIE.

O! evax! . . . . . . ho! ha!

LA DOULEUR.

Hei! heu! . . . . . ah! hélas! ah ah!

L'INDIGNATION.

Proh! heu! . . . . . ô! ah!

MENACER.

Hei ! væ ! . . . . . . malheur à !

APPELLER.

Eho ! ehodum ! heus ! . hola !

CONJUGAISON DES VERBES.

NOUVELLE FORME CONJUGATIVE PAR RACINE.

LES verbes ont quatre racines; la 1re. commence par le parfait de l'indicatif, la 2e. par le présent de l'infinitif, la 3e. par le présent de l'indicatif, et la 4e. par l'adjectif passif (autrement supin) pour les quatre conjugaisons, connues ordinairement par le terminatif de l'infinitif.

EXEMPLES:

1	ĀRE	pour	AMĀRE.
2	ĒRE	pour	DOCĒRE.
3	ĔRE	pour	LEGĔRE.
4	ĪRE	pour	AUDĪRE.

(*Nota.*) Ces formes conjugatives ne commenceront qu'après celles usuelles des verbes auxiliaires *sum* et *habeo*.

VERBE SUBSTANTIF AUXILIAIRE SUM.

INDICATIF *présent*.

Sum......je suis,
Es........tu es, (singulier.)
Est.......il est,

Sumus ....nous sommes,
Estis......vous êtes, (pluriel.)
Sunt......ils sont.

IMPARFAIT.

Eram.....j'étois,
Eras......tu étois,
Erat......il étoit,
Eramus... nous étions,
Eratis.....vous étiez,
Erant.....ils étoient.

PARFAIT.

	Indéfini.		*Défini.*		*Antérieur.*
Fui........	j'ai été,	*ou*	je fus,	*ou*	j'eus été,
Fuisti......	tu as été		tu fus,		tu eus été,
Fuit.......	il a été,		il fut,		il eût été,
Fuimus....	nous avons été,		nous fûmes,		nous eûmes été,
Fuistis.....	vous avez été,		vous fûtes,		vous eûtes été,
Fuerunt ou *Fuére*......	ils ont été,		ils furent,		ils eurent été.

PLUSQUEPARFAIT.

Fueram.............j'avois été,
Fueras..............tu avois été,
Fuerat..............il avoit été,
Fueramus...........nous avions été,
Fueratis............vous aviez été,
Fuerant.............ils avoient été.

FUTUR.

Ero..............je serai,
Eris..............tu seras,
Erit..............il sera,

Erimus............nous serons,
Eritis.............vous serez,
Erint.............ils seront.

FUTUR *passé.*

Fuero...............j'aurai été,
Fueris.............tu auras été,
Fuerit..............il aura été,
Fuerimus........... nous aurons été,
Fueritis ....vous aurez été,
Fuerint.............ils auront été.

FUTUR *prochain.*

Futurus *sum*......je vais être, *ou* je dois être.
es,
est,
Futuri *sumus*,
estis,
sunt.

Le verbe *sum* prend ici tous les tems et modes des verbes *aller*, *devoir*.

FUTUR *composé.*

Futurus *sim*,
sis,
sit,
etc.

IMPARFAIT *composé.*

Futurus *essem*,
esses,
esset,
etc.

PLUSQUEPARFAIT *composé.*

Futurus fuissem,
fuisses,
fuisset,
etc.

Le verbe *sum* prend ici ces trois tems avec la déclinaison, en genre et nombre de *futurus*, lorsqu'ils succèdent aux particules qui veulent nécessairement le subjonctif dans tous les verbes.

IMPÉRATIF.

Es ou *esto*... (tu) sois,
Esto .. (*ille*) ..qu'il soit,
Simus........soyons,
Sitis.........soyez,
Sunto.......qu'ils soient.

SUBJONCTIF *présent.*

Sim..........que je sois,
Sis...........que tu sois,
Sit...........qu'il soit,
Simus.........que nous soyons,
Sitis..........que vous soyez,
Sint..........qu'ils soient.

IMPARFAIT.

Essem ou *forem*..que je fusse, *ou* je serois,
Esses ou *fores*...que tu fusses, *ou* tu serois,
Esset ou *foret*...qu'il fut, *ou* il seroit,
Essemus.........que nous fussions, *ou* nous serions,
Essetis..........que vous fussiez, *ou* vous seriez,
Essent ou *forent*...qu'ils fussent, *ou* ils seroient.

PARFAIT.

Fuerim..........j'aie été,
Fueris...........tu aies été,
Fuerit...........il ait été,
Fuerimus........nous ayions été,
Fueritis..........vous ayiez été,
Fuerint..........ils aient été.

PLUSQUEPARFAIT.

Fuissem.......j'eusse été *ou* j'aurois été,
Fuisses........tu eusses été *ou* tu aurois été,
Fuisset........il eut été *ou* il auroit été,
Fuissemus.....nous eussions été *ou* nous aurions été,
Fuissetis......vous eussiez été *ou* vous auriez été,
Fuissent.......ils eussent été *ou* ils auroient été.

INFINITIF *présent et imparfait.*

Esse....être.

PARFAIT *et* PLUSQUEPARFAIT.

Fuisse.....avoir été, qu'il a été *ou* qu'il avoit été.

FUTUR.

Fore ou *futurum esse,* devoir être, qu'il sera *ou* qu'il seroit.

FUTUR *passé.*

Futurum fuisse, qu'il auroit été *ou* qu'il eût été.

ADJECTIF.

Futurus, a, um, devant être, qui sera *ou* qui doit être.

Ainsi se conjuguent:

Abesse........être absent.
Adesse........être présent.
Deesse.........manquer à.

Et les autres composés de *sum,* excepté *possum.*

VERBE AUXILIAIRE HABEO.

INDICATIF *présent*.

Habeo..........j'ai,
Habes.......... tu as,
Habet...........il a,
Habemus........nous avons,
Habetis......... vous avez,
Habent.......... ils ont.

IMPARFAIT.

Habebam..........j'avois,
Habebas...........tu avois,
Habebat...........il avoit,
Habebamus.........nous avions,
Habebatis.......... vous aviez,
Habebant...........ils avoient.

PARFAIT.

Habui......j'ai eu,	j'eus,	j'eus eu,
Habuisti....tu as eu,	tu eus,	tu eus eu,
Habuit......il a eu,	il eut,	il eût eu,
Habuimus...nous avons eu,	nous eûmes,	nous eûmes eu,
Habuistis....vous avez eu,	vous eûtes,	vous eûtes eu,
Habuerunt ou *Habuêre*....ils ont eu,	ils eûrent,	ils eurent eu.

PLUSQUEPARFAIT.

Habueram..........j'avois eu,
Habueras...........tu avois eu,
Habuerat...........il avoit eu,
Habueramus........nous avions eu,
Habueratis.........vous aviez eu,
Habuerant..........ils avoient eu.

FUTUR.

Habebo..........j'aurai,
Habebis.........tu auras,
Habebit.........il aura,
Habebimus.......nous aurons,
Habebitis........vous aurez,
Habebunt........ils auront.

FUTUR *passé.*

Habuero..........j'aurai eu,
Habueris..........tu auras eu,
Habuerit..........il aura eu,
Habuerimus.......nous aurons eu,
Habueritis.........vous aurez eu,
Habuerint.........ils auront eu.

FUTURS *prochains.*

Habiturus sum......je vais, *ou* je dois avoir, etc.
Habiturus eram.....j'allois, *ou* je devois avoir, etc.

FUTUR *composé.*

Habiturus sim.......j'aurai *ou* que j'aie, etc.

IMPARFAIT *composé.*

Habiturus essem.....j'aurois *ou* j'eusse, etc.

PLUSQUEPARFAIT *composé.*

Habiturus fuissem.......j'aurais *ou* j'eusse eu, etc.

NOTA. Tous ces tems se conjuguent et se déclinent comme ceux du verbe *sum*.

IMPÉRATIF.

Habe ou *habeto.(tu)*........ ait,
Habeat ou *habeto.(ille)*.... qu'il ait,

Habeamus..............ayons,
Habete ou *habetote*..ayez,
Habeant ou *habento*...qu'ils aient.

SUBJONTIF *présent.*

Habeam..............que j'aie,
Habeas..............que tu aies,
Habeat..............qu'il ait,
Habeamus............que nous ayons,
Habeatis.............que vous ayez,
Habeant..............qu'ils aient.

IMPARFAIT.

Haberem..........j'eusse *ou* j'aurois,
Haberes...........tu eusses *ou* tu aurois,
Haberet............il eut *ou* il auroit,
Haberemus.........nous eussions *ou* nous aurions,
Haberetis...........vous eussiez *ou* vous auriez,
Haberent...........ils eussent *ou* ils auroient.

PARFAIT.

Habuerim........ que j'aie eu,
Habueris..............tu aies eu,
Habuerit..............il ait eu,
Habuerimus...........nous ayions eu,
Habueritis.............vous ayiez eu,
Habuerint.............ils aient eu.

PLUSQUEPARFAIT.

Habuissem....j'eusse eu *ou* j'aurois eu,
Habuisses.....tu eusses eu *ou* tu aurois eu,
Habuisset.....il eût eu *ou* il auroit eu,
Habuissemus..nous eussions eu *ou* nous aurions eu,
Habuissetis....vous eussiez eu *ou* vous auriez eu,
Habuissent....ils eussent eu *ou* ils auroient eu.

INFINITIF.

INFINITIF *présent et imparfait.*

Habere............avoir, qu'il a, *ou* qu'il avoit.

PARFAIT *et* PLUSQUEPARFAIT.

Habuisse..........avoir eu, qu'il a eu *ou* qu'il avoit eu.

FUTUR.

Habiturum esse...devoir avoir, qu'il aura, *ou* qu'il auroit.

FUTUR *passé.*

Habiturum fuisse....qu'il auroit eu, *ou* qu'il eût eu.

ADJECTIF *actif.*

Habens entis....ayant, qui a, *ou* qui avoit.

ADJECTIF *futur.*

Habiturus a um....devant avoir, qui aura *ou* qui doit avoir.

ADJECTIF *ou* SUPIN.

Habitum............à avoir, *ou* pour avoir.

ADJECTIF *ou* GÉRONDIF.

Habendi o um..d'avoir, en ayant, à avoir, *ou* pour avoir.

Le passif est *habeor*, qui se conjugue sur *doceor*, et qui signifie passer pour, être regardé comme, être pris pour.

SUIVENT LES FORMES CONJUGATIVES
PAR QUATRE RACINES.

PREMIÈRE CONJUGAISON.

Ire. RACINE.

PARFAIT.	*indéfini.*	*défini.*	*antérieur.*
AMAV *i*....	j'ai aimé,	j'aimai,	*ou* j'eus aimé,
isti..	tu as aimé,	tu aimas,	tu eus aimé,
it....	il a aimé,	il aima,	il eut aimé,
imus	nous avons aimé,	nous aimâmes,	nous eûmes aimé.
istis..	vous avez aimé,	vous aimâtes,	vous eûtes aimé,
erunt ou *ére*...	ils ont aimé,	ils aimèrent,	ils eurent aimé.

PARFAIT *et* PLUSQUEPARFAIT.

AMAV *isse*... avoir aimé, qu'il a aimé, *ou* qu'il avoit aimé.

PLUSQUEPARFAIT.

AMAV *isse m*....	que j'eusse	*ou* j'aurois aimé,
s.........	tu eusses	*ou* tu aurois aimé,
t........	il eut	*ou* il auroit aimé,
mus......	nous eussions	*ou* nous aurions aimé,
tis.......	vous eussiez	*ou* vous auriez aimé,
nt.......	ils eussent	*ou* ils auroient aimé.

PLUSQUEPARFAIT.

AMAV *era m*.............. j'avois aimé,
s............... tu avois aimé,
t............... il avoit aimé,
mus............ nous avions aimé,
tis............. vous aviez aimé,
nt.............. ils avoient aimé.

FUTUR *passé*.

AMAV (*ero*)................. j'aurai aimé,
eri s................. tu auras aimé,
t................. il aura aimé,
mus................. nous aurons aimé,
tis................. vous aurez aimé,
nt................. ils auront aimé.

PARFAIT.

AMAV *eri m*........... que j'aie aimé,
s................. tu aies aimé,
t................. il ait aimé,
mus................. nous ayions aimé,
tis................. vous ayiez aimé,
nt................. ils aient aimé.

2e. RACINE.

INFINITIF *présent*.

AMARE .....aimer.

IMPARFAIT.

AMARE *m*..que j'aimasse *ou* j'aimerois,
s.......tu aimasses *ou* tu aimerois,
t....... il aimât *ou* il aimeroit,
mus... nous aimassions *ou* nous aimerions,
tis..... vous aimassiez *ou* vous aimeriez,
nt.....ils aimassent *ou* ils aimeroient.

3e. RACINE.

INDICATIF *présent*.

AM *o* ....j'aime,
a s.......tu aimes,
t...... il aime,

mus....nous aimons,
tis.....vous aimez,
nt.....ils aiment.

IMPARFAIT.

AM *aba m*............j'aimois,
s.............tu aimois,
t.............il aimoit,
mus..........nous aimions,
tis............vous aimiez,
nt............ils aimoient.

FUTUR *simple*.

AM *ab o*.............j'aimerai,
is...........tu aimeras,
t.............il aimera,
mus...........nous aimerons,
tis............vous aimerez,
unt...........ils aimeront.

SUBJONTIF *présent*.

AM *e m*..............que j'aime,
s..............que tu aimes,
t..............qu'il aime,
mus............que nous aimions,
tis..............que vous aimiez,
nt..............qu'ils aiment.

IMPÉRATIF.

AM *a* ou *ato* (*tu*).....aime,
ato .....(*ille*)....qu'il aime,
emus............aimons,
ate ou *atote*......aimez,
anto.............qu'ils aiment.

ADJECTIF ACTIF, ou (*partic. prés.*)

AM *ans*, *antis*.......aimant, qui aime *ou* qui aimoit,
andus, *a*, *um*.....devant être aimé.

4e. RACINE.

ADJECTIF PASSIF, ou (*partic. passé*).

AMAT *us*, *a*, *um*........aimé, étant aimé,
urus, *a*, *um*........devant aimer.

SECONDE CONJUGAISON.

1re. RACINE.

PARFAIT.

DOCU *i*.... j'ai enseigné, j'enseignai *ou* j'eus enseigné,
isti.. tu as enseigné, tu enseignas *ou* tu eus enseigné,
it....il a enseigné, il enseigna *ou* il eut enseigné,
imus.nous avons enseigné, nous enseignâmes, nous eûmes enseigné,
istis..vous avez enseigné, vous enseignâtes, vous eûtes enseigné,
erunt ou
ére..ils ont enseigné, ils enseignèrent *ou* ils eurent enseigné.

PARFAIT.

DODU *isse*.......... [illegible]é.

PLUSQUEPARFAIT.

DOCU *isse m*.que.j'eusse *ou* j'aurois enseigné,
s......tu eusses *ou* tu aurois enseigné,
t......il eût *ou* il auroit enseigné,
mus...nous eussions *ou* nous aurions enseigné,
tis....vous eussiez *ou* vous auriez enseigné,
nt....ils eussent *ou* ils auroient enseigné.

PLUSQUEPARFAIT.

DOCU *era m*........j'avois enseigné,
s.........tu avois enseigné,
t.........il avoit enseigné,

mus......nous avions enseigné,
tis........vous aviez enseigné,
nt........ils avoient enseigné.

FUTUR *passé*.

DOCU (*ero*)........j'aurai enseigné,
eri s........tu auras enseigné,
t........il aura enseigné,
mus.....nous aurons enseigné,
tis.......vous aurez enseigné,
nt.......ils auront enseigné.

PARFAIT.

DOCU *eri m*...que j'aie enseigné,
s........tu aies enseigné,
t........il ait enseigné,
mus......nous ayions enseigné,
tis.......vous ayiez enseigné,
nt.......ils aient enseigné.

2e. RACINE.

INFINITIF.

DOCERE........enseigner.

IMPARFAIT.

DOCERE *m*.....que j'enseignasse *ou* j'enseignerois,
s......que tu enseignasses *ou* tu enseignerois,
t...... qu'il enseignât *ou* qu'il enseigneroit,
mus....que nous enseignassions *ou* nous enseigne-rions,
tis.....que vous enseignassiez *ou* vous enseigneriez,
nt..... qu'ils enseignassent *ou* ils enseigneroient.

3e. RACINE.

INDICATIF *présent.*

DOCE *o*........j'enseigne,
s........tu enseignes,
t........il enseigne,
mus......nous enseignons,
tis.......vous enseignez,
nt........ils enseignent.

IMPARFAIT.

DOCE *ba m*...... j'enseignois,
s....... tu enseignois,
t........il enseignoit,
mus.....nous enseignions,
tis......vous enseigniez,
nt...... ils enseignoient.

FUTUR *simple.*

DOCE (*bo*)........j'enseignerai,
bi s.......tu enseigneras,
t.......il enseignera,
mus.....nous enseignerons,
tis......vous enseignerez,
bu nt...... ils enseigneront.

SUBJONCTIF *présent.*

DOCE *a m*........ que j'enseigne,
s.........que tu enseignes,
t.........qu'il enseigne,
mus.......que nous enseignions,
tis........ que vous enseigniez,
nt.........qu'ils enseignent.

IMPÉRATIF.

IMPÉRATIF.

DOCE *ou to* ..(*tu*)........enseigne ,
to......(*ille*).......qu'il enseigne ,
amus..............enseignons ,
te ou *tote*..........enseignez ,
nto................qu'ils enseignent.

ADJECTIF *actif.*

DOCE *ns entis*..........enseignant, qui enseigne *ou* qui enseignoit ,
ndus a um...... . devant être enseigné.

4e. RACINE.

ADJECTIF *passif.*

DOCT *us a um*......enseigné , étant enseigné ,
urus a um.....devant enseigner.

TROISIÈME CONJUGAISON.

Ire. RACINE.

PARFAIT.	*Indéfini.*	*Défini*	*Antérieur.*
LEG *i*........	j'ai lu,	je lus,	j'eus lu,
isti.....	tu as lu,	tu lus,	tu eus lu,
it.......	il a lu,	il lut,	il eut lu,
imus....	nous avons lu,	nous lûmes,	nous eûmes lu,
istis.....	vous avez lu,	vous lûtes,	vous eûtes lu,
erunt ou *ére*......	ils ont lu,	ils lûrent,	ils eurent lu.

PARFAIT *et* PLUSQUEPARFAIT.

LEG *isse*.................... avoir lu.

PLUSQUEPARFAIT.

LEG *isse m*...........	que j'eusse	*ou* j'aurois lu,
s...........	que tu eusses	*ou* tu aurois lu,
t...........	qu'il eut	*ou* qu'il auroit lu,
mus........	que nous eussions	*ou* nous aurions lu,
tis.........	que vous eussiez	*ou* vous auriez lu,
nt..........	qu'ils eusssent	*ou* ils auroient lu.

PLUSQUEPARFAIT.

LEG *era m*............. j'avois lu,
s.............. tu avois lu,
t.............. il avoit lu,
mus........... nous avions lu,
tis............. vous aviez lu,
nt............. ils avoient lu.

FUTUR *passé.*

LEG *er o* ....j'aurai lu,
i s..........tu auras lu,
t..........il aura lu,
mus.......nous aurons lu,
itis........vous aurez lu,
nt.........ils auront lu.

PARFAIT.

LEG *eri m*..............que j'aie lu,
s..............que tu aies lu,
t..............qu'il ait lu,
mus...........que nous ayions lu,
tis.............que vous ayiez lu,
nt.............qu'ils aient lu.

2e. RACINE.

INFINITIF.

LEGERE.........lire.

IMPARFAIT.

LEGERE *m*.........	que je lusse	*ou*	je lirois,
s..........	que tu lusses	*ou*	tu lirois,
t..........	qu'il lût	*ou*	il liroit,
mus.......	que nous lussions	*ou*	nous lirions,
tis........	que vous lussiez	*ou*	vous liriez,
nt........	qu'ils lussent	*ou*	ils liroient.

3e. RACINE.

INDICATIF *présent.*

LEG *o*....................je lis,
is....................tu lis,
it....................il lit,

imus. . . . . .nous lisons,
itis. . . . . .vous lisez,
unt. . . . . .ils lisent.

IMPARFAIT.

LEG *eba m*. . . . . .je lisois,
as. . . . . tu lisois,
t. . . . . .il lisoit,
mus. . . . . nous lisions,
tis. . . . . .vous lisiez,
nt. . . . . .ils lisoient.

FUTUR *simple*.

LEG *a m*. . . . . .je lirai,
e s. . . . . .tu liras,
t. . . . . .il lira,
mus. . . . . nous lirons,
tis. . . . . .vous lirez,
nt. . . . . .ils liront.

SUBJONCTIF *présent*.

LEG *a m*. . . . . .que je lise,
s. . . . . .que tu lises,
t. . . . . qu'il lise,
mus. . . . . .que nous lisions,
tis. . . . . .que vous lisiez,
nt. . . . . .qu'ils lisent.

IMPÉRATIF.

LEG *e* ou *ito* (*tu*). . . . .lis,
ito. . . . . (*ille*). . . .qu'il lise,
amus . . . . lisons,
ite ou *itote*. . . . . . .lisez,
unto. . . . . .qu'ils lisent.

ADJECTIF *actif.*

LEG *ens entis*..........lisant, qu'il lit *ou* qui lisoit,
endus a um.......devant être lu.

4e. RACINE.

ADJECTIF *passif.*

LECT *us a um*..........lu, étant lu,
urus a um........devant lire.

QUATRIÈME CONJUGAISON.

Ire. RACINE.

PARFAIT. *indéfini.* *défini.* *antérieur.*

AUDIV *i*.....j'ai écouté, j'écoutai, j'eus écouté,
isti...tu as écouté, tu écoutas, tu eus écouté,
it.....il a écouté, il écouta, il eut écouté,
imus..nous avons écouté, nous écoutâmes, nous eûmes écouté,
istis..vous avez écouté, vous écoutâtes, vous eûtes écouté,
erunt ou
ère....ils ont écouté....*indéfini.*
ils écoutèrent....*défini.*
ils eurent écouté..*antérieur.*

PARFAIT *et* PLUSQUEPARFAIT.

AUDIV *isse*..........avoir écouté.

PLUSQUEPARFAIT.

AUDIV *isse m*....que j'eusse *ou* j'aurois écouté,
s.....que tu eusses *ou* tu aurois écouté,
t.....qu'il eut *ou* qu'il auroit écouté,
mus..que nous eussions *ou* nous aurions écouté,
tis...que vous eussiez *ou* vous auriez écouté,
nt....qu'ils eussent *ou* ils auroient écouté.

PLUSQUEPARFAIT.

AUDIV *era m*....j'avois écouté,
s.....tu avois écouté,
t.....il auroit écouté,

mus..nous avions écouté,
tis....vous aviez écouté,
nt....ils avoient écouté.

FUTUR *passé.*

AUDIV *er o*......j'aurai écouté,
is......tu auras écouté,
t.......il aura écouté,
mus....nous aurons écouté,
tis......vous aurez écouté,
nt......ils auront écouté.

PARFAIT.

AUDIV *eri m*.....que j'aie écouté,
s......que tu aies écouté,
t......qu'il ait écouté,
mus....que nous ayions écouté,
tis.....que vous ayiez écouté,
nt......qu'ils ayent écouté.

2e. RACINE.

INFINITIF *présent.*

AUDIRE .....écouter.

IMPARFAIT.

AUDIRE *m*.......que j'écoutasse *ou* j'écouterois,
s........que tu écoutasses *ou* tu écouterois,
t........ qu'ils écoutât *ou* qu'il écouteroit,
mus......que nous écoutassions *ou* nous écouterions,
tis.......que vous écoutassiez *ou* vous écouteriez,
nt.......qu'ils écoutassent *ou* ils écouteroient.

5e. RACINE.

INDICATIF *présent.*

AUDI *o*..........j'écoute,
s..........tu écoutes,
t..........il écoute,
mus.......nous écoutons,
tis........vous écoutez,
unt.......ils écoutent.

IMPARFAIT.

AUDI *eba m*.....j'écoutois,
s......tu écoutois,
t......il écoutoit,
mus...nous écoutions,
tis....vous écoutiez,
nt.....ils écoutoient.

FUTUR *simple.*

AUDI *a m*.......j'écouterai,
e s........tu écouteras,
t........il écoutera,
mus.....nous écouterons,
tis.......vous écouterez,
nt.......ils écouteront.

SUBJONTIF *présent.*

AUDI *am*........que j'écoute,
s..........que tu écoutes,
t..........qu'il écoute,
mus........que nous écoutions,
tis.........que vous écoutiez,
nt.........qu'ils écoutent.

IMPÉRATIF.

IMPÉRATIF.

AUDI *to (tu)*........écoute,
to (ille).......qu'il écoute,
amus.........écoutons,
te tote........écoutez,
unto.........qu'ils écoutent.

ADJECTIF ACTIF, ou (*partic. prés.*)

AUDI *ens entis* écoutant, qui écoute, *ou* qui écoutoit,
endus a um devant être écouté.

4e. RACINE.

ADJECTIF PASSIF, ou (*partic. passé*).

AUDIT *us a um*...écouté, étant écouté,
urus a um... devant écouter.

EXEMPLE DES VERBES PASSIFS FIGURÉS AVEC LES VERBES ACTIFS DE LA TROISIÈME CONJUGAISON.

Ire. RACINE.

ACTIF.	PASSIF.
DIX *i, isti, it, imus, istis, erunt* ou *ere*.	Prenez les adjectifs
isse....................	*dicendus, a, um,*
issem, s, t, mus, tis, nt.	*dictus a, um,* avec le
eram.	verbe *sum* employé aux
ero.... (changez *o* en *i*).	tems et modes nécessaires.
erim.	

2e. RACINE.

ACTIF.	PASSIF.
DICERE....................	DICI.
DICERE *m, s, t, mus, tis, nt*...	*dicere r, ris*, ou *re, mur, mini, ntur.*

3e. RACINE.

ACTIF.	PASSIF.
DIC *o, is, t, mus, tis, nt.*	DIC *or, eris* ou *ere, itur, imur, imini, untur.*
eba m, s, t, mus, tis, nt.	*eba r.*
a m (changez *a* en *e*)..	*a r.*
am....................	*a r.*
DIC ou *ito*....(*tu*).	DIC *ere*, ou *itor* (*tu*).
ito.......(*ille*)........	*itor* (*ille*)
amus..................	*amur,*
ite itote................	*imini,*
unto..................	*untor.*
ens entis.	
endus a um.	

4e. RACINE.

DICT *us* *a um.* *urus* *a um.*	Ces adjectifs s'employent avec le verbe *sum*, ainsi qu'il est dit plus haut.

OBSERVATION POUR LES VERBES COMPOSÉS.

Pour connoître parfaitement l'origine des verbes composés qui embarrassent souvent l'élève, dans la forme conjugative, soit française, soit latine; pour y parvenir, rien de plus simple : prenez dans la colonne des lettres alphabétiques, en commençant par A, et suivant jusqu'au Z.

EXEMPLE:

Français.	*Latin.*
COMPOSÉS DE TENIR.	COMPOSÉS DE FERO.
A ppartenir, s'abstenir.	*A ffero, antefero, aufero.*
B.	*B.*
C ontenir.	*C ircumfero, confero,*
D étenir.	*D efero, differo.*
E ntretenir.	*E ffero.*
F.	*F ero.*
G.	*G.*
H.	*H.*
I.	*I nfero.*
K.	*K.*
L.	*L.*
M aintenir.	*M.*
N.	*N.*
O btenir.	*O ffero.*
P.	*P erfero, præfero, profero.*
Q.	*Q.*
R etenir.	*R efero.*

S outenir.	*S uffero*, (*tollo*), ont les 1res et 3es. racines semblables à *suffero*.
T enir.	*T ransfero.*
U.	*U.*
X.	*X.*
Y.	*Y.*
Z.	*Z.*

Il en est de même pour tous les verbes dont on cherche les composés.

MATIERE ESSENTIELLE.

Pour donner connoissance des mots DÉRIVÉS, ÉTYMOLOGIQUES, et SYNONYMES, l'élève doit se servir de cette forme, et il verra que faute et péché sont SYNONYMES, parce qu'en latin *peccatum* sert à tous deux, et que *peccare* pécher est le verbe de FAUTE; que le substantif *intelligentia* intelligence, a pour verbe *intelligere* comprendre, etc.

Prenez les verbes à l'infinitif, ôtez-en les formes conjugatives, ER, IR, OIR, et RE, le surplus du verbe sert de racine à tous les mots, ainsi qu'il suit,

PÉCH...*er*........verbe.
PÉCH...*ant*.......adjectif actif.
PÉCH...*é*.........adjectif passif.
PÉCH...*é*.faute... substantif de la chose.
PÉCH...*eur*.*eresse*. substantif de la personne.

CONFI...*er*
CONFI...*ant*.
CONFI...*é*.
CONFI...*ance*.....*dence*.
CONFI...*dent*......*dente*.

PARFUM......*er.*
PARFUM......*ant.*
PARFUM......*é.*
PARFUM......*parfum.*
PARFUM......*eur......euse.*

COMMAND.....*er.*
COMMAND.....*ant.*
COMMAND.....*é.*
COMMAND.....*ement.....erie.*
COMMAND.....*dant.....deur.*

ORDONN......*er.*
ORDONN......*ant.*
ORDONN......*é.*
ORDONN......*ance.*
ORDONN......*ateur.*

En employant ce moyen, l'élève conservera infailliblement la construction du mot qu'il a à traduire, et il trouvera facilement les synonymes dont il aura besoin.

Comme le verbe est la partie la plus notable du discours, il doit servir de racine à tous les autres mots.

FORME DÉCLINATIVE

PAR SIGNIFICATIF ET TERMINATIF.

Tous les noms ont trois propriétés, GENRE, NOMBRE et CAS; ils ont tous leur déclinaison particulière, qui ne peut se connoître que par le terminatif des GÉNITIFS, tant singulier que pluriel :

Nous allons, pour les cinq déclinaisons, distinguer les GÉNITIFS par des CAPITALES. Un nom manquant de singulier, sa déclinaison sera connue par le génitif pluriel. Nous ne plaçons ici que les finales ; le surplus des mots forme le significatif; les vocatifs sont semblables aux nominatifs.

Ire. DÉCLINAISON.

FÉMININ.

	Singulier.		*Pluriel.*
No.	CULP *a*....la faute,	No.	*æ*,
Gé.	*Æ*...de la faute,	Gé.	*ARUM*,
Da.	*æ*....à la faute,	Da.	*is*,
Ac.	*am*..la faute,	Ac.	*as*,
Vo.	*a*....ô faute,	Vo.	*æ*,
Ab.	*ā*....de la faute.	Ab.	*is*.

FÉMININ.

	Singulier.	*Pluriel.*
No.	EPITOM...*e*,	
Gé.	*ES*,	
Da.	*æ*,	Au besoin
Ac.	*en*,	sur *culpa*.
Vo.	*e*,	
Ab.	*e*.	

MASCULIN.

	Singulier.	Pluriel.
No.	BORE....*as*,	
Gé.	*Æ*,	
Da.	*œ*,	Au besoin
Ac.	*am* ou *an*,	sur *culpa*.
Vo.	*a*,	
Ab.	*â*.	

Nota. Tous les substantifs en A, qui ont rapport aux substantifs masculins en US, et qui se déclinent sur CULPA, changent au *datif* et *à l'ablatif* pluriel en ABUS.

2e. DÉCLINAISON.

MASCULIN.

	Singulier.		Pluriel.
No.	DOMIN....*us*,	No.	*i*,
Gé.	*I*,	Gé.	*ORUM*,
Da.	*o*,	Da.	*is*,
Ac.	*um*,	Ac.	*os*,
Vo.	*e*,	Vo.	*i*,
Ab.	*o*.	Ab.	*is*,

Nota. Plusieurs noms sur cette déclinaison sont du féminin.

NEUTRE.

	Singulier.		Pluriel.
No.	TEMPL.....*um*,	No.	*a*,
Gé.	*I*,	Gé.	*ORUM*,
Da.	*o*,	Da.	*is*,
Ac.	*um*,	Ac.	*a*,
Vo.	*um*,	Vo.	*a*,
Ab.	*o*.	Ab.	*is*,

Nota. Les noms neutres ont le nominatif, le vocatif et l'accusatif semblables, et au pluriel ils sont terminés en A.

MASCULIN.

No. PERS......eus,		(sans pluriel.)
Gé.	Eis ou Eos,	
Da.	eo,	
Ac.	eum, eon ou ea,	
Vo.	eu,	
Ab.	eo.	

3e. DÉCLINAISON.

MASCULIN et FÉMININ.

Singulier.		*Pluriel.*	
No. PAT ......er,		No.	*es,*
Gé. PATR......*IS,*		Gé.	*UM,*
Da.	*i,*	Da.	*ibus,*
Ac.	*em,*	Ac.	*es,*
Vo. PAT......er,		Vo.	*es,*
Ab. PATR.....e.		Ab.	*ibus.*

NEUTRE.

Singulier.		*Pluriel.*	
No. TEMP......*us,*		No.	*a,*
Gé. TEMPOR....*IS,*		Gé.	*UM,*
Da.	*i,*	Da.	*ibus,*
Ac. TEMP......*us,*		Ac.	*a,*
Vo. TEMP	*us,*	Vo.	*a,*
Ab.	*e.*	Ab.	*ibus,*

Nota. Les substantifs neutres dont le nom est en AL, AR et E, ont l'ablatif en I, le génitif pluriel en IUM, et les trois autres cas en IA, *dat.* et *abl.* en IBUS.

Nota. Les noms tirés du grec ont leur génitif en IS ou en EOS, leur accusatif en IM, EM ou IN, et leur génitif pluriel en EON : la plupart sont féminin, ils ont rarement un autre genre : au reste le dictionnaire donne le genre et le significatif.

4e. DÉCLINAISON.

4e. DÉCLINAISON.

MASCULIN et FÉMININ.

Singulier.		Pluriel.	
No. FRUCT....*us*,		No......*us*,	
Gé.	*ÛS*,	Gé.	*UUM*,
Da.	*ui*,	Da.	*ibus*,
Ac.	*um*,	Ac.	*us*,
Vo.	*us*,	Vo.	*us*,
Ab.	*u*.	Ab.	*ibus*.

NEUTRE.

Singulier.		Pluriel.	
No. CORN.....*u*,		No.	*ua*,
Gé.	*U*,	Gé.	*UUM*,
Da.	*u*,	Da.	*ibus*,
Ac.	*u*,	Ac.	*ua*,
Vo.	*u*,	Vo.	*ua*,
Ab.	*u*.	Ab.	*ibus*.

Nota. Plusieurs noms, tant masculins que féminins font UBUS aux datif et ablatif pluriel : comme ARCUS, ARTUS, LACUS, PORTUS, PARTUS, TRIBUS. SPECUS, QUERCUS et VERU, neutre, qui se décline sur CORNU.

5e. DÉCLINAISON.

MASCULIN et FÉMININ.

Singulier.		Pluriel.	
No. DI......*es*,		No.	*es*,
Gé.	*EI*,	Gé.	*ERUM*,
Da.	*ei*,	Da.	*ebus*,
Ac.	*em*,	Ac.	*es*,
Vo.	*es*,	Vo.	*es*,
Ab.	*e*,	Ab.	*ebus*.

Nota. Plusieurs noms terminés au génitif en EI, de cette déclinaison, n'ont point de pluriel. (Cette règle est observée dans notre langue.)

Nota. Le vocatif est semblable au nominatif, dans toutes les déclinaisons, excepté à la seconde.

OBSERVATION

Sur les noms dont le genre prend une autre forme au pluriel.

Singulier.	*Pluriel.*
Hoc cœlum	*Hi cœli.*
Hoc delicium	*Hæ deliciæ.*
Hoc Elisium	*Hi Elisii.*
Hoc epulum	*Hæ epulæ.*
Hoc frænum	*Hi fræni*, ou *hæc fræna.*
Hoc rastrum	*Hi rastri*, ou *hæc rastra.*
Hæc supellex	*Hæc supellectilia.*
Hic avernus	*Hæc averna.*
Hic carbasus	*Hæc carbasa.*
Hic jocus	*Hi joci*, ou *hæc joca.*
Hic sibilus	*Hæc sibila.*
Hic Tartarus	*Hæc Tartara.*
Hic locus	*Hi loci*, ou *hæc loca.*

REMARQUES IMPORTANTES.

Les PARISYLLABES, c'est-à-dire, nombre égal de syllabes tant au *nominatif* qu'au *génitif*, comme NUBES, AVIS, etc.

ET

Les MONOSYLLABES, c'est-à-dire, les mots qui n'ont qu'une syllabe au nominatif, comme NOX, etc., ont tous le génitif pluriel en IUM :

EXCEPTÉ,

Bos, *crus*, *dux*, *flos*, *fraus*, *fur*, *grus*, *laus*, *nux*, *pes*, *ren*, *rex*, *lex*, *sus*, *thus*, *gryps*, *frux*, *lar*, *vas*, (ce dernier fait au génitif *vadis*).

FORME ÉNONCIATIVE.

LES NOMS		Ont le génitif en	
Féminin en	E..............................	es.	Ire. *déclinaison.*
Neutre en.	MA............................	is.	3e. *déclinaison.*
Masculin en	O, OS, IS, UR, ER, EX, PS, UX, ES, OR, US......	is.	*idem.*
Féminin en	DO, GO, IO, AS, ES, MS, EX, OX, UX, BS, RS..............	is.	*idem.*
Neutre en.	AC, ANS, LE, RE, EL, AL, EN, US, UT, AR, ER, UR.........	s .	*idem.*
Neutre en.	U..............................	u.	4e. *déclinaison.*

NOTA.

Le *Moniteur* rendit un compte avantageux le douze fructidor an onze, sur un ouvrage en tableau, de M. BUFFET, intitulé ONOMATOLOGIE, ou Collection générale des noms pour les genres et les formes déclinatives, à l'effet de rendre plus claires et plus régulières les déclinaisons des différentes grammaires latines, de *Tricot* et *Lhomond*, qui offroient aux élèves une confusion sur le sens et la racine des noms. L'on voit avec plaisir que la grammaire latine de *Lhomond*, quatorzième édition de l'an douze, ne renferme plus cette confusion, et qu'elle a été rectifiée d'après les déclinaisons dudit Ouvrage, mises de nouveau à la suite de cette Théorie.

OBSERVATION GÉNÉRALE.

Comme nous avons déclaré (page 11,) que les adjectifs actifs, ou (participes du présent,) prennent en latin *le genre*, *le nombre* et *le cas* du substantif auquel ils ont rapport :

EXEMPLES:

Vir clamans, *animalia devorantia*, *etc* : nous déclarons qu'en français, ces adjectifs se terminent en ANT, et que la plupart d'entr'eux prennent aussi le *genre et* le *nombre* du substantif avec lequel ils s'accordent :

EXEMPLES:

Les prairies charmantes, *la saison abondante*, *une eau courante*, *une preuve convaincante*, *etc.*

ADJECTIFS PROVENUS DES VERBES.

Masculin.	*Féminin.*	*Masculin.*	*Féminin.*
Abondant........	e.	Ambulant........	e.
Aboutissant......	e.	Amusant.........	e.
Absorbant.......	e.	Appelant.........	e.
Accablant........	e.	Appétissant......	e.
Accommodant....	e.	Approchant......	e.
Adoucissant......	e.	Arrogant.........	e.
Affligeant........	e.	Ascendant.......	e.
Agaçant.........	e.	Aspirant.........	e.
Aggravant.......	e.	Assistant.........	e.
Agonisant........	e.	Assoupissant.....	e.
Aimant..........	e.	Assujettissant.....	e.
Altérant.........	e.	Attachant.......	e.

Masculin.	*Féminin.*	*Masculin.*	*Féminin.*
Attendrissant...	e.	Contendant....	e.
Attirant........	e.	Contestant.....	e.
Attrayant	e.	Contractant....	e.
Attristant......	e.	Contrariant....	e.
Bienfaisant.....	e.	Convaincant....	e.
Bienséant......	e.	Correspondant..	e.
Bienveillant.....	e.	Coulant........	e.
Bondissant......	e.	Courant.......	e.
Bouffant.......	e.	Criant.........	e.
Brillant........	e.	Croquant......	e.
Brûlant........	e.	Croulant.......	e.
Bruyant........	e.	Croupissant....	e.
Calmant.......	e.	Cuisant........	e.
Caressant......	e.	Débitant.......	e.
Cassant........	e.	Délinquant.....	e.
Chagrinant.....	e.	Découlant	e.
Chancelant.....	e.	Défaillant......	e.
Changeant.....	e.	Défiant........	e.
Chantant......	e.	Dormant.......	e.
Charmant......	e.	Dégoûtant	e.
Choquant......	e.	Dépendant.....	e.
Clairvoyant.....	e.	Déplaisant......	e.
Commençant...	e.	Descendant.....	e.
Compâtissant....	e.	Déshonorant ...	e.
Concluant......	e.	Désobligeant...	e.
Concordant....	e.	Désolant.......	e.
Confiant.......	e.	Desséchant	e.
Conquérant.....	e.	Déterminant ...	e.
Consistant......	e.	Dévorant	e.
Consolant......	e.	Discordant.....	e.
Constituant.....	e.	Dominant	e.
Consumant.....	e.	Eblouissant	e.

Masculin.	*Féminin.*	*Masculin.*	*Féminin.*
Eclatant	e.	Fulminant.....	e.
Edifiant........	e.	Fumant...	e.
Effrayant	e.	Fuyant........	e.
Embarrassant...	e.	Gagnant.......	e.
Endurant	e.	Gémissant.....	e.
Enivrant.......	e.	Glapissant.....	e.
Ennuyant......	e.	Glissant.......	..
Entreprenant...	e.	Grouillant.....	e.
Entraînant.....	e.	Habitant......	e.
Errant	e.	Haletant......	e.
Etincelant	e.	Humiliant.....	e.
Etonnant......	e.	Ignorant......	e.
Etouffant	e.	Imposant......	e.
Etourdissant....	e.	Insultant......	e.
Excédant	e.	Intéressant....	e.
Exigeant.......	e.	Intrigant......	e.
Existant.......	e.	Irritant.......	e.
Expirant.....	e.	Jaillissant.....	e.
Exposant	e.	Jouissant......	e.
Fatiguant......	e.	Languissant....	e.
Figurant.......	e.	Larmoyant.....	e.
Flambant......	e.	Luisant.......	e.
Flamboyant.....	e.	Malfaisant.....	e.
Florissant......	e.	Médisant......	e.
Flottant........	e.	Méfiant.......	e.
Fondant	e.	Menaçant.....	e.
Fortifiant......	e.	Mendiant.....	e.
Foudroyant	e.	Méprisant.....	e.
Foulant	e.	Montant......	e.
Frappant.......	e.	Mordant......	e.
Fretillant	e.	Mortifiant.....	e.
Fringant.......	e.	Mourant......	e.

Masculin.	*Féminin.*	*Masculin.*	*Féminin.*
Mouvant......	e	Puant.........	e.
Mugissant.....	e.	Rampant......	e.
Naissant.......	e.	Reconnoissant.	e.
Obéissant.....	e.	Regardant.....	e.
Obligeant.....	e.	Réjouissant....	e.
Offensant.....	e.	Remuant......	e.
Ondoyant.....	e.	Renaissant....	e.
Opposant.....	e.	Répentant	e.
Outrageant...	e.	Répugnant....	e.
Palpitant.....	e.	Ressemblant...	e.
Parlant.......	e.	Restant.......	e.
Participant....	e.	Résultant.....	e.
Passant	e.	Retentissant...	e.
Payant.......	e.	Riant	e.
Penchant.....	e.	Ruisselant	e.
Pénétrant....	e.	Ruminant.....	e.
Pensant	e.	Saignant	e.
Perçant	e.	Saillant	e.
Persécutant...	e.	Satisfaisant ...	e.
Persévérant ..	e.	Séduisant	e.
Persuadant ...	e.	Sifflant	e.
Pesant	e.	Souffrant	e.
Pétillant	e.	Soupirant	e.
Pétulant	e.	Stimulant	e.
Piquant	e.	Suffisant	e.
Pleurant	e.	Suivant	e.
Pliant	e.	Suppliant	e.
Postulant	e.	Surabondant ..	e.
Prédominant .	e.	Surprenant ...	e.
Prépondérant .	e.	Surveillant ...	e.
Prévoyant. ...	e.	Tendant	e.
Protestant ...	e.	Tentant	e.

Masculin.	*Féminin.*	*Masculin.*	*Féminin.*
Tolérant......	e.	Triomphant...	e.
Touchant.....	e.	Tuant........	e.
Tourmentant..	e.	Vacillant.....	e.
Tournant.....	e.	Vivant......	.e.
Tranchant	e.	Volant	e.
Tremblant	e.		

Nota. Tous les adjectifs actifs provenus des verbes, sont indéclinables, lorsqu'ils ont un régime, (c'est-à-dire qu'ils ne prennent ni genre ni nombre).

TABLE ALPHABÉTIQUE DES MATIERES.

A.

B.

C.

L.

M.

N.

O.

P.

Q.

R.

S.

Tout exemplaire non revêtu de 8 gravures, et de la griffe de l'Auteur, est contrefait.

Déposé à la Bibliothèque Impériale.

Buffet

ERRATA.

Page 12 ligne 8, *soror qui*, lisez *soror quœ*.
Pag. 21 lig. 5, après *Virgilius*, lisez *dicit*, (omis).
Pag. 22 lig. 11, *meum*, lisez *unum*.
Pag. 23 lig. 11, je demanda, lisez *je demande*.
Pag. 27 lig. 2, *Marius*, lisez *Martius*.
Pag. 28 lig. dernière, *me mest*, lisez *meum est*.
Pag. 34 lig. dernière, livrs, lisez *livres*.
Pag. 64 lig. 15, après à faire, lisez *venir*, (omis).
Pag. 94 *doduisse*, lisez *docuisse*.
Pag. 98 2e. personne pluriel parf. au lieu de *itis*, lisez *istis*.
Pag. 102 2e. personne pluriel parf. au lieu de *itis*, lisez *istis*.